教科書には載っていない！

幕末志士の大誤解

夏池優一

彩図社

はじめに

「このままでは日本国が滅びてしまう」――。

激動の江戸時代末期。心から国を憂い、命を削り、東奔西走した男たちがいた。

幕末の志士たちである。

かつてない外国の脅威に晒されて、磐石だった江戸幕府は目にみえて弱体化していく。

そんななか、幕府の打倒に情熱を注いだ者もいれば、最後まで守ろうとした者もいた。

両者の立場は大きく違うが、「この国をなんとかしたい」という気持ちには、なんら変わりはなかった。

志士たちが命を賭けて奮闘した結果、「世界史上にも類例を見ない無血革命」と言われる明治維新が成し遂げられ、日本は近代国家として歩み始めることになる。

その熱き生き様から、幕末の志士たちは、現在においてもなお人々の心をつかみ、膨大な映像作品や小説を通して親しまれ続けている。それらで描かれる彼らは、ヒーローそのもので、同じ日本人とは思えないほどエネルギッシュだ。

しかし、志士たちの日記や手紙を丁寧に紐解くと、彼らが抱いていた知られざる苦悩や葛藤が透けてみえてくる。

志士といえども人間。天下国家を論じてばかりいたわけではない。ある者は家庭問題に悩まされていたり、またある者は就いた職業が自分と合わず、苦しんだりと、現代の私たちと何ら変わらないことで、つまずき、立ち止まって途方に暮れていたりする。

また、ある人物による偉業だと信じられていたことが、実はほかの人物によるものだったり、また逆に、すこぶる悪いイメージを持たれている人物が、誤解されているだけだったりすることも、驚くほど多い。

そんな幕末の志士たちの〝知られざる素顔〟に迫ったのが、本書である。

彼らの等身大の実像を知れば、新たな魅力に気づくことができるはずだ。

一方で、彼らがどんな境遇で生まれ育ち、歴史の表舞台に飛び出すまでは、どうしていたのか。本書ではこうした、あまり語られることのない細部にも焦点を当てた。

それでは、前置きはこのあたりにして、13人の幕末の志士たちの真の姿を、じっくりと味わっていただこう。

※登場人物の年齢は、原則数え年で記しています

教科書には載っていない！

幕末志士の大誤解

目次

英雄の虚像と実像

坂本龍馬

●捏造だらけの龍馬像

日本を今一度洗濯いたし申し候――。

こんな名言とともに、坂本龍馬は幕末の志士の代表格として日本人に記憶されている。「家族や藩といった、旧来のコミュニティから脱却し、幕末の世を縦横無尽に駆け回った自由人」。これがフィクションの世界で描かれる定番の龍馬像だといえる。

龍馬は28歳のときに、生まれ育った土佐藩からの脱藩を決行している。そのことが「誰にも縛られず、奔放に生きた龍馬」の印象を作り出したのだろう。

また、倒幕のきっかけとなった「薩長同盟」の立役者となったり、新政府の骨格を示した「船中八策」の発案者と言われていることから、「革命家でありながら戦争を避けた平和主義者」、「近代日本の基礎を作った英雄」として語られている。

これらがすべて事実であれば、日本史上最も人気がある偉人として、しばしばその名を挙げられるのも当然のことだろう。

だが、これらの龍馬像が史実を反映していないものだとしたら、どうだろうか？

実は、彼は小説や歴史ドラマの影響で、歪んだ虚像が事実として伝わっているのだ。

冒頭に挙げた「日本を今一度洗濯いたし申し候」という言葉も、龍馬が大志を語った感動的な名言として扱われがちだが、前後をきちんと読めば、「日本を改革したい」というピュアな理想からはかけ離れた、あまりに好戦的な内容だったとわかる。

もちろん、フィクションによって、歴史上の人物のイメージが誇張されたり、誤解されたりすることは、珍しいことではない。

ただ龍馬の場合は、それが過度に行われた点、また、ある意図をもって誇張されてきた点で、他の例とは一線を画している。

ここでは龍馬の虚像が作られた背景と、知られざる龍馬の実像に迫りたい。

国民的英雄である坂本龍馬

●金で武士の身分を買った坂本家

１８３６年（天保６年11月15日）、坂本龍馬は土佐藩高知城下の坂本八平の次男として生まれた。

土佐藩には厳しい身分制度があり、同じ武士でも家老、中老、馬廻組、小姓組、留守居組などの「上士」と、郷士、用人、徒士、足軽、小者などの「下士」の２つに分けられていた。

坂本家は郷士だったため、龍馬も下士に属していたことになる。そのことから、龍馬が苦労人だったという誤解があるようだ。

しかし、実際の坂本家は、下士のなかでもかなり裕福で恵まれていた。

坂本家の祖先にあたる太郎五郎は、戦国時代、明智光秀の居城である坂本城の落城に伴って、近江（滋賀県）から土佐へ逃れて農業を営んでいたが、4代目の八兵衛守之が「才谷屋《さいたにや》」の屋号で質屋を開業。繁盛して豪商となると、6代目の八郎兵衛直益は「郷士株」を購入し、武士の身分を手に入れることになる。

分家して新規郷士となったのが、7代目の兼助直躬《なおみ》（直海）で、郷士坂本家の初代にあたる。ちなみに、龍馬の父・八平《はちへい》は郷士坂本家の3代目である。

分家にあたって財産がどのように分配されたかは、1926（大正15）年に岩崎英重が編纂した『坂本竜馬関係文書第一』を紐解けば「其二　坂本家祖先財産」の項で明らかにされている。

史料によると「百貫目」の3割強が「郷士相続」とされ、郷士坂本家の初代、兼助直躬に相続された。「百貫目」とは「今日の百万円の価値ありしならん」と記されていることから、現在の紙幣価値にすると約100億円にあたる。

その3割弱なので、30億円弱が譲渡されていたことになる。郷士坂本家は藩の俸禄に頼っていなかったばかりか、藩に多額の献金をしていたというが、これだけ資産があれば、それも十分に可能だっただろう。

1853（嘉永6）年、18歳の龍馬は通っていた道場から「小栗流和兵法事目録」を得て、さらなる剣術修行のために江戸へ旅立つ。江戸から父に宛てた手紙では自分の近況を知らせながら、次のようにも書いている。

「金子をお送りいただき、何より有難い品でございます」

フィクションでは、龍馬が資産家の生まれだったと強調されることは少ない。それだと立身出世の物語として盛り上がらないからである。

しかし、実際の坂本家には十分過ぎる資産があり、龍馬もまたその恩恵をしっかりと受けていたのであった。

坂本龍馬の生家。質屋として財を成していた

●「はなたれ」は龍馬の冗談だった

裕福な家庭で育ったことがあまり語られないのとは対照的に、必ず強調されるエピソードが「少年時代の龍馬は、はなたれで寝小便たれだった」というものだ。

1914（大正3）年に、千頭清臣《ちかみきよおみ》によって著された『坂本龍馬』でも、次のように書かれている。

「初め龍馬は怯儒にして暗愚なるが如く、居常寡黙、十歳を過ぎても夜溺《よばれ》（寝小便はなたれまたなり、土佐の方言）の癖止まず、隣人称して洟垂《はなたれ》（痴児の意、また土佐の方言なり）といふ」

しかしこの記述は信憑性に乏しく、「夜溺」と「洟垂」についても、特に土佐の方言というわけではない。

さらに、このネタ元になっているのが、1883（明治16）年に坂崎紫瀾《しらん》というジャーナリストが書いた小説『汗血千里駒《かんけつせんりのこま》』の次の記述である。

「龍馬の幼き時心いと落ちつきて愚かなるが如く十二三の頃まで夜溺（夜尿）の癖さえあり」

この記述が後の文献に影響を与えて、「龍馬は寝小便をたれていた」「龍馬ははなたれ小僧だった」という解釈を広げることになった。

だが、歴史作家の山村竜也は坂崎による「龍馬愚童説」については、おそらく次の龍馬の手紙から来ているのではないかと推測している。

「どふぞ、昔の鼻たれと御笑被遣間じく候。（慶応2年12月4日付、家族一同宛）」

これは、龍馬が1866（慶応2）年に長州藩と協力して幕府と戦った「小倉戦争」の戦果を家族に誇らしげに語っている手紙のなかの一節であり、「こんな私ですので、もう『昔のはなたれが、何を偉そうに』などとお笑いになるのはやめてください」という意味である。

つまり「昔の自分とは違う」と言いたいがために、冗談交じりに「昔の鼻たれ」と揶揄したのであって、紫瀾はこれを根拠として龍馬の幼少時代を描写した可能性が高い。

紫瀾の『汗血千里駒』は、龍馬を世に知らしめた明治期のベストセラー小説である。龍馬の生涯をドラマティックなものとするため、幼少期の龍馬をことさら愚鈍に描くだけではなく、「背中に獣のような毛が生えていた」という説を創作したり、上士と下士が対立した「井口村刃傷事件」に、居合わせたかどうか不明な龍馬を登場させたりもしている。

そして、そんな龍馬伝説は、大作家・司馬遼太郎の長編時代小説『竜馬がゆく』や、小山ゆう作の漫画『お～い！　竜馬』などへと受け継がれ、あたかも龍馬の実像だったかのように誤解されていく。

つまり、『汗血千里駒』こそが、龍馬の誤ったイメージを広める源泉になったといえる。そこには、作者のある目論見があったのだが、それについては後述することにしよう。

〝お仁王様〟と呼ばれた坂本乙女

●脱藩してもしがらみはあった

「鼻たれ龍馬」と同時にフィクションで必ず描かれるのが、姉の乙女《おとめ》である。1865（慶応元）年9月頃に出したとされている手紙のなかでは、龍馬が「乙大姉　お仁王様」とふざけて書いているとおり、乙女は大女で武芸に優れており、その威圧感は仁王に匹敵するほどだったらしい。

姉の乙女とは、龍馬が脱藩してからのちも手紙をやりとりしていた。脱藩してから1年後の1863（文久3）年、勝海舟の弟子になったばかりの頃には、こんな手紙を書いている。

「私は四十歳になるころまでには土佐の実家には帰らないようにするつもりです。権平兄さんとも相談いたしました所、この頃は大分とご機嫌がよろしくなり、その（海軍修行の）お許しが出ました」

脱藩という一大決心をしながらも、それは40歳までという期間限定の自由だったことがわかる。そして、幕臣・勝海舟のもとで海軍修行をするにあたっても、しっかりと兄の許可をとっていた。しかも相手の機嫌までうかがっている。龍馬がそこまで気を遣う

「権平兄さん」とは、いかなる人物だったのだろうか。

龍馬の兄の坂本権平は、1814（文化11）年生まれで、龍馬より21歳も年上にあたる。龍馬が17歳のとき、権平は病弱だった父から跡目を継いだ。龍馬にとっては兄というよりも父親のような存在だったといえるだろう。脱藩後の龍馬に何かと資金援助したのも兄であり、龍馬は頭が上がらなかったようだ。

とりわけ龍馬が気にしていたのが、坂本家の後継者問題である。兄が継いでいるとはいえ、年の差を考えると、龍馬がその跡を継ぐのが自然だったが、そうなれば土佐を出て中央で活躍することなど到底できなくなる。

この手紙から5ヶ月後、龍馬は兄の妻の弟にあたる川原塚茂太郎《もたろう》に、次のような手紙を書いている。

「その話は先年から度々出ていることではありますが、兄権平が心配し、ついには腹を立ててしまったことは茂太郎兄さんもよくご承知のことでしょう」

「その話」とは、後継者問題のことである。兄の権平は聞き分けがない弟に怒りを覚えるほど、なんとか後継者に龍馬を据えようと心を砕いていたのだ。龍馬がことさら気を遣うのも無理はないだろう。このあとには、龍馬が茂太郎の言葉をうまく引用しながら、自分の意思を懸命に伝える文章が綴られている。

「また以前から茂太郎さんのおっしゃっていた『土佐一国の中だけで学問すれば一国だけの論を出ないものだ。そうではなく世界に出てわたり歩けばそれだけ目を開き、自分で天から受け得た知を開かなければならない』というご持論は、今でも私の耳に残っております」

こう龍馬は力説して、なんとか自分を後継者候補から外してもらえるように、外堀から埋めにかかっている。

そしてここでも、「40歳」というキーワードが出てきている。

「また、私龍馬は四十歳になるまでは海軍の修行をしたいのですが、その時には兄上は六十歳にもなってしまうので、坂本家のことをうまく引き継いでいくには、今のうちから然るべききちんとした人を見立てて下さいとの文も出しました」

修行は40歳までと言いながらも、それまで決して待つことのないように、自分以外の養子をとってほしいと龍馬は提案していた。そして、きっちりとこう言い切っている。

「もとより天下国家の大事と比べてみれば、坂本家の後継者のことはかえり見る余裕はありません」

さすがは旧来の価値観にとらわれなかった坂本龍馬――と言いたいところだが、彼はこの言葉を兄には直接言えず、親戚に熱弁することで、なんとか本人に伝えようとするのが精一杯。家のしがらみに縛られっ放しだったのである。

●意外と荒っぽい内容だった「洗濯」

また、薩摩藩と長州藩の仲をとりもったことに由来するのか、「龍馬は戦を好まない平和主義者だった」という誤解がある。

しかし、龍馬はどちらかというと過激な思想の持ち主であった。

例えば、龍馬の名言として有名な「日本を今一度洗濯したい」という言葉は、日本の大変革を決意したものとして、現在でも大胆に物事を変えるときに引用されることがあるが、前後を含めて読むと、印象が変わってくる。

この言葉は、1863（文久3）年に姉に出された手紙で登場する。

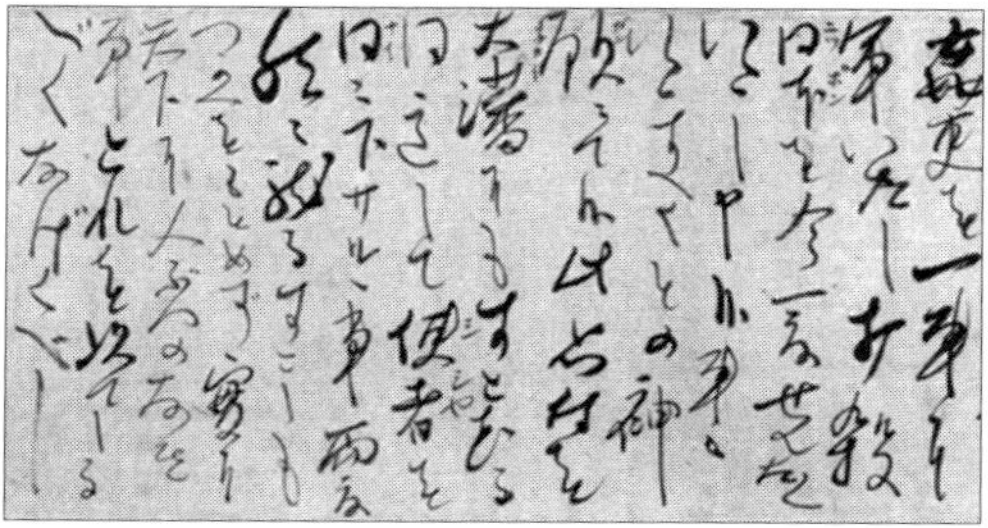

有名な「日本を今一度洗濯いたし申し候」が登場する手紙

最初に「この手紙はこの上なく大事なことばかりなので、べちゃくちゃしゃべる連中に見せると『ほほう、ほほう』『いやのう』という反応になるのがせいぜいだから、決して見せてはいけないよ」と断っているだけあって、過激な内容が展開されている。

まず龍馬は「長州が六回も外国と戦っているが、依然として不利な状況であり、しかも、長州と戦っている外国の軍艦を幕府が修理している」と憤りを見せながら、それは「幕府側の腹黒い役人が外国人と内通したことによるもの」と断じている。

そして、次のように決意を述べる。

「このような悪い役人はかなりの勢力があり、大勢ではありますが、龍馬は二・三の大名と固く約束して同志を募り、朝廷もまず神の国を守るという大きな方針を立てて、江戸の同志、旗本・大名・その他と心を合わせながら、幕府の悪い役人たちを撃ち殺して、この日本を今一度洗濯しなければならないことを祈願する」

つまり龍馬は、外国の軍艦を助けている幕府への怒りから、役人を撃ち殺したいと述べており、それこそが「日本を洗濯」の具体的な中身だった。

これより10年前の1853（嘉永6）年、19歳のときにも龍馬は父への手紙で「異国人の首を討ち取って土佐に帰国いたします」と綴っており、当時は尊皇攘夷思想に影響されていたとはいえ、元来好戦的な性格だったことがわかる。

また、龍馬は「亀山社中」を組織した武器商人であり、長州が幕府に武力で抵抗できるように武器を手配したこともあれば、ライフル銃を買い込み、徳川将軍・慶喜を京都で襲撃する計画を立てたことすらある。

戦いを好まないとする従来の龍馬のイメージとは違うものの、「役人たちを撃ち殺す」というのは、血の気の多い龍馬らしい言葉なのだ。

●「船中八策」は龍馬の発案ではなかった

意外と荒々しい内容だった「今一度日本を洗濯したい」という名言だが、この言い回しは、龍馬自身が考えたものではない。

もともとは、龍馬や西郷隆盛をはじめ、幕末維新の英傑たちに絶大な影響を与えた思想家・横井小楠《よこいしょうなん》が口癖のように言っていた「天下一統人心洗濯希うところなり」という言葉を、龍馬が真似したものだ。いつの間にか彼自身が考えたかのように後世で流布されて、龍馬も空の上で面映ゆい思いをしているかもしれない。

実はこうしたケースは他にもあって、龍馬が打ち出したとされる新政府の構想「船中八策」も、元はといえば他人のアイディアだ。

「船中八策」とは、次の8項目のこと。

・政権を朝廷に返すこと
・上下の議会を設置し、議員を置いて公論に基づいて政治を行うこと
・公卿、大名のほか世のすぐれた人材の中から顧問を選ぶこと
・新しく国家の基本になる法律を定めること
・外国と新たに平等な条約を結び直すこと
・海軍の力を強めること
・親兵を設けて都を守ること
・金銀の比率や物の値段を外国と同じにするよう努めること

目を引くのは、冒頭の「政権を朝廷に返すこと」だろう。１８６７（慶応３）年に慶喜が「大政奉還」を行ったことで、龍馬の政策が取り入れられたと考える向きもある。

だが、松平春嶽の『逸事史補』によると、すでに１８６２（文久２）年の時点で、幕臣の大久保忠寛が幕議の席で同じことを提唱していたという記録が残っている。おそらく、同じような構想を持った同時代人は他にもいたのだろう。

そもそも「船中八策」と呼ばれているものには、龍馬自筆の原本もなければ、写本すらも存在していない。知野文哉《ちのふみや》が著わした『「坂本龍馬」の誕生』のように、「船中八策」

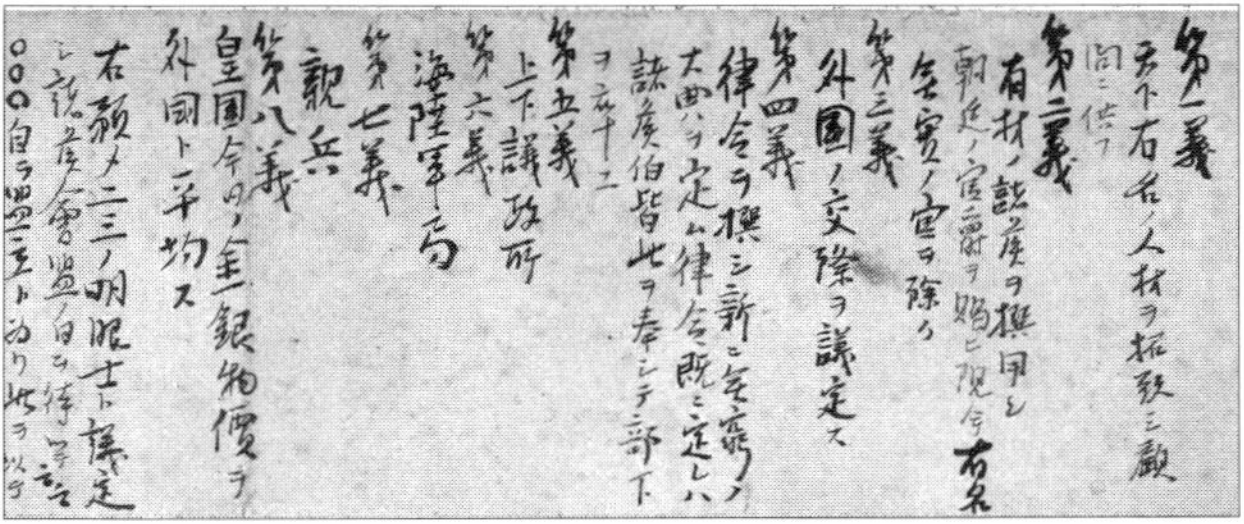

第一義
天下有名ノ人材ヲ招致シ顧
問ニ供フ
第二義
有材ノ諸侯ヲ撰用シ
朝廷ノ官爵ヲ賜ヒ現今有名
無実ノ官ヲ除ク
第三義
外國ノ交際ヲ議定ス
第四義
律令ヲ撰シ新ニ無窮ノ
大典ヲ定ム律令既ニ定レハ
諸侯伯皆此ヲ奉シテ部下
ヲ率ス
第五義
上下議政所
第六義
海陸軍局
第七義
親兵
第八義
皇國今日ノ金銀物價ヲ
外國ト平均ス
右預メ二三ノ明眼士ト議定
シ諸侯會盟ノ日ヲ待ツテ云々
〇〇〇自ラ盟主ト為リ此ヲ以テ

「船中八策」の簡略版と言われている「新政府綱領八策」

の存在自体が、明治期以降の創作ではないかとする説もある。

もっとも、大政奉還後に龍馬が記した「新政府綱領八策」という、「船中八策」の簡略版のような文章は、彼の自筆であることが確認されている。これにしても、様々な人物が提唱していた構想や政策を反映したものであり、龍馬が抜群の独創性をもっていたとするのはかなり苦しい。

結局、龍馬はその新政府の誕生を目にすることなく、1867年12月10日、幕府の治安維持組織である京都見廻組の佐々木只三郎らと思われる刺客の襲撃を受け、33歳にして生涯を閉じることになる。

●誰が「龍馬伝説」を必要としたのか

それにしても、なぜ龍馬の生涯は、これほどまでに脚色されたのだろうか。

その理由は、前述した『汗血千里駒』の著者である坂崎紫瀾の、個人的な事情に隠されている。坂崎が高知県の土陽新聞で1883（明治16）年に、『汗血千里駒』を連載するまでは、龍馬は偉人伝にも顔を出すことはなく、いわば忘れ去られた存在であった。

実は、坂崎は自由民権運動の旗振り役だった板垣退助が設立した「愛国公党」の一員で、松本新聞の編集長を務めるなど、熱心な自由民権運動家であった。つまり、憲法の制定、議会の開設、地租の軽減、不平等条約改正の阻止、言論の自由などを求める立場であり、自分と同じく薩摩・長州両藩による政治の独占に飽き飽きしている人たちに向けて書いたのが、この『汗血千里駒』だった。

土陽新聞自体、板垣退助が創立した立志社の機関紙である。なぜ政治結社の機関紙で、郷里の英雄を取り上げる必要があったのか？

答えは、『汗血千里駒』の最後の挿絵に描かれた人物にある。

その名は、坂本南海男《なみお》。

龍馬が後継者から逃れようと必死だったことはすでに書いたが、龍馬の兄・権平の養嗣子となって坂本家を継いだのが、甥の坂本南海男である。

実はこの南海男、立志社で自由民権運動の闘士として活躍していた。紫瀾が『汗血千里駒』で、忘れられた龍馬を歴史から引っ張り出したのは、甥の南海男を応援するためであった。その証拠に『汗血千里駒』の最終回となった第64回は、こんなふうに結ばれている。

しかして、その坂本の家督を継ぎし小野淳輔は龍馬の甥にして前に高松太郎といえる者なり。現に宮内省に奉職せり。ちなみに説く。この淳輔の実弟南海男は龍馬の兄権平の家督を継ぎて坂本と名乗りけるが、つとに立志社員となりて四方に遊説し人民卑屈の瞑夢を喝破するが如き。すこぶる叔父龍馬その人の典型を遺伝したるものあるを徴すべく、あるいは、これを路易第三世奈波侖に比すと云う（完）

「路易第三世奈波侖」とは「ルイ・ナポレオン3世」という意味だ。

紫瀾は「坂本南海男は〝英雄・坂本龍馬の遺伝子〟を継ぐにふさわしい者であり、フランスのルイ・ナポレオン3世に匹敵する」と最大限の賛辞を送っている。つまり『汗血千里駒』の正体は歴史小説ではなく、プロパガンダだった。「郷土の英雄を紹介したかった」のではなく「南海男を持ち上げるために、その叔父を大英雄にする必要があった」というのが真相なのだ。

こう考えると、紫瀾が龍馬の生涯に加えた妙な脚色にも納得がいく。

実際は、実家からの潤沢な援助のもと活動し、後継者問題に頭を悩ませていた龍馬だが、自由民権運動の象徴として、旧来のコミュニティを裸一貫で飛び出し、自由を謳歌した人物に仕立てる必要があったのだ。

その後、『汗血千里駒』の龍馬像は後に続いた創作物の影響を受け続け、ついには現代的な価値観である「平和主義者」、「旧弊を打破した変革者」といった肩書をも獲得することになった。悲劇的な最期を遂げた志士に、日本人があらゆる夢を託し続けた結果出来上がったのが、現在の龍馬像だといえるだろう。

人材育成の天才だった

吉田松陰

●吹き溜まり集団のボス？

泰平の眠りを覚ます上喜撰《じょうきせん》、たった四杯で夜も眠れず――。

こんな狂歌が詠まれたほど、1853（嘉永6）年の「黒船来航」は日本中を大混乱に陥れた。黒船を一目見たいと多くの江戸っ子たちが押し寄せ、ペリーの顔を描いた瓦版が飛び交ったが、いっそ黒船に乗り込んでアメリカへ密航してしまおうと、とんでもないことを考えた人物がいた。

幕末きっての過激な思想家、吉田松陰である。

黒船への密航は未遂に終わったが、真の目的は密航ではなく、ペリー暗殺だったという説さえある。並みの人物ならば、即座に否定されるだろうが、松陰には「この男ならばやりかねない」と思わせるだけの人並みはずれた行動力と意志の強さがあった。

彼は、塾長を務めた松下村塾から輩出された人材たちが、革命に向けて大暴れしたことから、「若者たちを過激派集団に育てたボス」という印象がどうしても強い。松下村塾という教育機関も私塾でありながら、教育の場というより、どこか危険な香りの漂う結社のように見る向きもある。

だが、自身の暴れぶりからは想像がつかないが、松陰は人材育成の天才であり、それぞれの個性を伸ばすためのベストな教育を松下村塾で実践していた。それも、彼が松下村塾で門下生に教育を施したのはわずか2年足らず。しかも講義室は八畳一間という粗末さである。こんな環境から、高杉晋作、久坂玄瑞《くさかげんずい》をはじめとした世の中を変える人材が出てくるとは、誰が予想しただろう。

いったい、吉田松陰という人物はどんな教育者で、松下村塾はどんな場所だったのか。大河ドラマだけではわからない、その実態を解き明かそう。

幕末において維新の原動力となる若い力を育てた吉田松陰

●英才教育で兵学を叩き込まれた

松陰の私塾として知られる「松下村塾」だが、創立したのは松陰ではない。1842（天保13）年、松陰の叔父にあたる玉木文之進《たまきぶんのしん》が、萩城下の松本村で開いたのが、その始まりである。

人の幼少時代は得てして父の影響を強く受けるものだが、松陰の場合はこの文之進に厳しくしつけられた。

松陰は、1830（文政13）年、長州藩士・杉百合之助《すぎゆりのすけ》の次男として生まれた。杉家は家禄26石。松陰の弟子として活躍する高杉晋作が、家禄200石の高杉家の長男として生まれたことを考えれば、雲泥の差である。貧しい下級藩士だった杉家は、半士半農という質素な生活を送りながらも、家族はみな読書好きで、教育熱心だったという。

松陰の父・百合之助には大助と文之進という2人の弟がおり、大助は兵学師範の吉田家へ、文之進は玉木家へとそれぞれ養子に入った。大助には妻がいたものの、子宝に恵まれなかったため、甥の松陰が5歳のときに養子として迎え入れられることになる。

だが、その翌年に大助は病死。6歳の松陰が吉田家の跡を継ぐことになった。兵学師範としての教育が何ひとつ施されないまま、将来が約束された格好となる。そこで死んだ養父の代わりに、父の百合之助と叔父の文之進が、松陰に英才教育を施すことになった。

とりわけ、藩校・明倫館《めいりんかん》で都講を務めた文之進の教育は厳しいものだった。6歳のときに早くも『孟子』の素読を教わった松陰は、命じられた暗誦ができなければ、鞭で容赦なく叩かれた。それどころか、講義中に蚊に刺されて頰をかいただけでも殴り倒されたというから、スパルタ教育そのものである。

そんな教育の甲斐があってか、松陰は9歳で藩校の明倫館に実学教授見習いとして出仕し、翌年には、「山鹿《やまが》流兵学」を教授するほどの博識ぶりを見せた。

11歳のときには、藩主の毛利敬親《もうりたかちか》の前で『武教全書』の講義を行った。後々、松陰が藩の規則を逸脱する行為を繰り返しても、藩からそれなりの温情が与えられたのは、このときの講義に敬親がいたく感動したためである。

神童と呼ばれるようになった松陰が、文之進が開いた松下村塾を引き継いだのは、27歳のときのこと。明倫館の元教授という肩書きもあり、受講生たちが次々と訪れる。だが、その一方で、高杉晋作の家族がそうであったように「松陰のもとでは子を学ばせたくない」という者も少なからずいたようだ。

無理もない。

松陰は2年前に黒船への密航という恐るべき計画を実行しようとして失敗。江戸から萩に送られ、野山獄に投獄されていたが、実家に幽閉の身となったために、引き継いだのが、この私塾である。子どもを預ける家族としては、警戒したくもなるだろう。

教育者としては、すでに申し分ない実績を持っていた松陰だったが、当時からすでに彼を教育者というより

山口県・萩で保存されている吉田松陰の生家

「危険な思想家」とする向きもあったようだ。

その後、松陰はまたも逮捕されてしまうため、松下村塾で教えたのはたったの2年足らずである。彼は短期間で塾生にどんな教育を施したのであろうか。

●学問への姿勢のみを問うた

松下村塾の学生としては、久坂玄瑞や高杉晋作が有名だが、明治維新後の日本で国のリーダーとして活躍した伊藤博文や山県有朋も出身者である。ほかにも、入江九一《いりえくいち》、吉田稔麿《としまろ》、品川弥二郎、前原一誠《まえばらいっせい》など、後世に名を残す人物を多く輩出している。

優秀な人物を全国から募ったのかといえばさにあらず、驚くべきことに、彼らはたまたま近隣に住んでいる若者に過ぎなかった。

入塾のための試験すらなく、身分も年齢も問わずに入塾することができた。藩士もいれば、足軽もいるし、僧侶もいれば商人もいる。

年齢も自由で、10代から20代が多くを占めたが、40代以上の塾生もいたという。

高杉晋作のような例外はあるものの、塾生の多くが貧しい家に生まれた者たちだった。それもそのはず、大抵の私塾は、授業料が年間で約1両2分（現在の紙幣価値で約11万円程度）で、それに盆と暮れの付け届けを加えると、年間で20万円程度がかかった。

そんななか、松下村塾は、なんと月謝は無料で、入学金にあたる「束脩《そくしゅう》」も手土産程度で済んだ。身分も貧富も関係なく、純粋な学びの空間を松陰は提供したのである。

どうやって運営していたのか心配になってしまうが、そのひとつのヒントとなる史料が、２０１５（平成27）年に新たに発見された。

松陰のもと、若者たちが勉学に励んだ松下村塾

松陰の実兄、杉民治《すぎみんじ》と親密だった萩藩士の阿部家の子孫が萩博物館に寄託したもののなかから、松下村塾が運営費を賄うために行っていた写本についての史料が見つかったのである。知識も得られて収入も得られるということで、写本は一石二鳥だったのだろう。

ただし、松陰は金銭以外のものを塾生に求めた。それは学問の動機である。入塾者には、松陰は「お勉強させられい」と声をかけて、次のような質問を投げかけるのが常だった。

何のために学問をするのか？

それに対して多くの者が「書物が読めるようになりたい」などと答えたが、松陰はさらにこう続けたという。

学者になってはいかん。人は実行が第一である

また、松陰は「どうか教えていただきたい」と言って門を叩く塾生に「教えることはできないが、共に勉学していこう」という言葉をかけたこともある。その言葉通り、松陰は塾生たちの座る長机にともに座って読書の指導をしたり、盛んに議論をすることを好んだ。

塾生たちの挨拶もごく簡単なものだったというから、いわゆる「先生が生徒を指導して導く」というパターナリズムを、松陰は意識的に排除していた。塾生に話しかける言葉も丁寧なもので、ほとんどは「あなた」、かなり年少の場合のみ「おまえ」だったという。

その優しく丁寧な話し方はまるで「婦人のようだった」と証言する弟子さえいる。松陰自身がスパルタ教育を受けて育ったことを考えると、それをあえて反面教師としたのかもしれない。松陰の塾生と併走するような教え方が、多くの自立した革命家を輩出することになったのである。

●長所を引き出す言葉の力

松陰は、弟子の長所を引き出すことが抜群にうまかった。

例えば、松陰は高杉晋作のことを「晋作の頑質はよく解釈すれば、妥協を許さないという、ひとつの個性である」と評価。その一方で、ライバル的存在だった久坂玄瑞を引き合いに出しながら、晋作の学力不足に言及して、闘争心を煽った。玄瑞には負けまいとする晋作は学業に励み、玄瑞も晋作を意識することで、その才をさらに伸ばしたのである。

松陰が仕向けたとおりに張り合った結果、やがて玄瑞は「高杉の見識に自分は及ばない」と認め、晋作もまた玄瑞の才について「当世無比だ」と脱帽するようになった。

そんな2人に松陰は、こう述べている。

高杉晋作と才を競った久坂玄瑞

「玄瑞の才と暢夫《ちょうふ》の識をあわせれば、申し分ない」

弟子としては、奮い立たないわけにはいかない。誉めながらも、自分の足りないところも気づかせてくれる、卓越な言葉がけだといえるだろう。

また、同じ手紙で、玄瑞がロシア領の黒龍江行きを志望していたことについて、こうも書いている。

「意気壮とすべきだが、志が拡散するのはどうかと私は憂いている」

京都が不安定な情勢だったため、玄瑞の意欲自体はよしとしながらも、それに反対している。そして、こう続けるのである。

「どうぞこれからは暢夫の識を以て、玄瑞の才を行うことを願ってやまない。暢夫よ暢夫、天下もとより才多し、然れども唯一の玄瑞失うべからず」

ちなみに「暢夫」とは、晋作のことである。2人が力を合わせて、この不安定な時代を駆け抜けろという、松陰からの強烈なメッセージである。

これは、「高杉暢夫を送る叙」のなかの文であり、晋作が塾を去るときに贈られた言葉である。松陰は弟子を送り出すときは、このような「送序《そうじ》」という手紙を添えて送り出していた。そこには、その弟子がいかに成長したか、また、どんな長所があり、今後、どんな生き方をするべきなのかが綴られている。

教えただけでは、相手は知識を得たに過ぎない。大切なのは、その後に行動すること。だからこそ、いよいよ巣立つというときの最後の言葉に、松陰は重きを置いていたのである。

●問題児の個性さえも認めた

松陰の指導によって、その才能を伸ばした若者の代表格は高杉晋作と久坂玄瑞だが、のちに明治新政府の重鎮となる伊藤博文（当時の名は利助）に対しても、「利助また進む。中々周旋家になりさうな」と松陰は評価していた。

だが、読者の学校時代を思い出してもらいたいが、生徒にもさまざまな人間がいる。育て甲斐のある人材ばかりとは限らない。いわゆる落ちこぼれや、言うことを聞かない厄介者も当然いた。そんな塾生に対して、松陰はどんな対応をしていたのか。

例えば、市之進という不良少年はある日、塾で熱心に習字の稽古を行っていた。それ自体は感心すべきことだが、松陰が庭の掃除を命じても「あと2枚残っていますので、あとでやります」と言って応じない。

それから2、3度声をかけても従わないため、松陰は紙と筆を奪って、庭に投げ捨てる。すると、市之進はそれを拾ってきて、習字を書き終えて、それからしぶしぶ庭掃除を開始した。このとき、市之進は14歳と反抗期の真っ只中。

せっかく習字に打ち込んでいるのだから、という気持ちはあっただろうが、師に対する態度としてはいただけない。

掃除後に、松陰が「なぜ、私の命にすぐ従わなかったのだ」と問うと、市之進はこう言い捨てた。

「なるほど、これは死罪ですね。実は先生に反抗しようとしたのであります」

もし、読者が松陰の立場ならば、このような反抗的な生徒に、何と言うだろうか。叱り付けて、反抗的な態度を改めるように命じるのも、ひとつの方法だろう。松下村塾の規律を重視するのであれば、退塾させるという手段を講じる必要があるかもしれない。

だが松陰は、問題行動さえも個性としてとらえて、次のように言った。

「お前は私に反抗するのか。世間にすねて鼻つまみ者となっているらしいが、反抗するのなら天下を相手にやってみろ。今より志を立て、天にのぼり地に入り、水を踏み火に投じ、死を恐れずに進め。そしたら私も一緒に戦ってやろう」

さらに翌日、松陰は市之進に書を送り、欠点に触れながらも、その頑固さをも評価し、「三十日後にもう一度語ろう」と、対話を続ける姿勢を見せた。

また、同じく問題児で、骨董屋の息子である溝三郎からは、「人に頭を下げたくないから、商人ではなく医者になりたい」と、相談されたこともあった。

いかにも未熟なくだらない理由である。世の中はそんなに甘くない、と諭したくもなるが、松陰はこう激励した。

「盗泉を飲まずという心がけを忘れなければ、商人になってもよいし、医者になってもよい。当今、商人の卑屈な態度は甚だしい。お前が堂々とした商人になって世の風潮を変えるだけの覚悟さえあれば、何も医者になりたいと願うことはないのだ」

現在、教育の現場からは「最近の生徒は、ゆとり世代でどうしようもなくて……」という言葉が漏れ聞こえてくるが、それは指導者として自分の能力が不足していることを、わざわざ宣伝しているに過ぎないのではないか。

問題児をも包み込む、松陰の教育者としての姿勢は見習うべきものだろう。

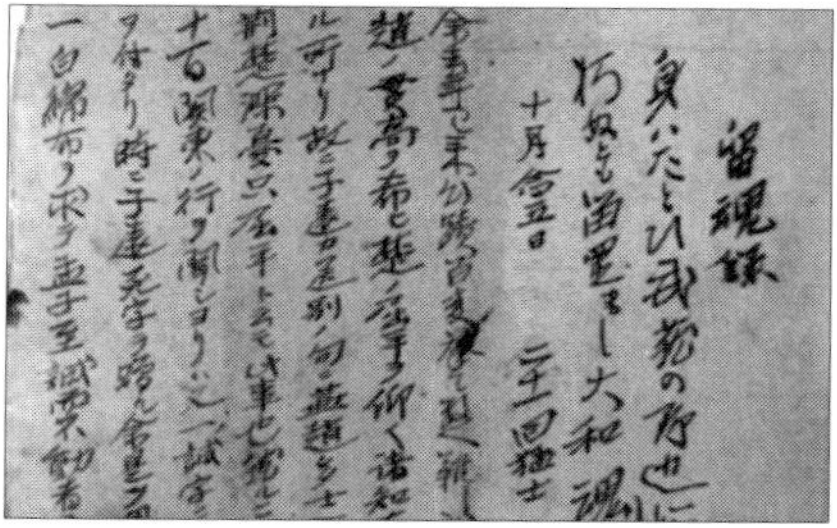

松陰が無念と次代への希望を託し筆をとった『留魂録』

●次世代へ託して逝った

過激な思想家というイメージとは裏腹に、極めて優れた教育者だった松陰。惜しむらくは、彼の一生があまりに短かったということだ。

大老・井伊直弼による「安政の大獄」によって逮捕された梅田雲浜《うんぴん》が、萩で松陰と会ったことを話したことから、松陰は関係性を疑われて身柄を拘束されてしまう。

しらばっくれればよいものを、松陰は老中の間《ま》部《なべ》詮勝《あきかつ》を襲撃しようとしていたことを告白。その結果、伝馬町の獄に入れられることになり、やがて死罪が決定する。

どんな相手でも腹を割って自分の意見を述べる、そんな松陰の態度が完全に裏目に出ることになった。死を覚悟した松陰は、『留魂録《りゅうこんろく》』で次のように心境を綴る。

僕は年を数えて三十歳になる。一事をもなすことなくして死ぬのは、あたかも農事で稲のまだ成長もせず、実もつかず、という状態に似ているのだから、残念だと思わないではない

だが、松陰はこの状況でもなお、未来を語る。

もし同志の士に、僕の微衷《びちゅう》を憐れんで、それを受け継いでやろうという人があるならば、そのときにこそ後に蒔くことのできる種子がまだ絶えなかったということで、おのずから収穫のあった年に恥じないということになろう、同志諸君よ、このことを考えていただきたい

門下生に日本を託した松陰。松陰が蒔いた種は、確かに大きく成長して、明治維新という大目的を達成することになる。人材育成においてこれ以上の成功はないだろう。

強かったから逃げた 桂小五郎

●「維新の三傑」なのに存在感が薄い

「維新の三傑」――。そう呼ばれる幕末の志士たちがいる。

江戸幕府打倒にあたって特に功績があった薩摩藩の西郷隆盛と大久保利通、もうひとりが、長州藩士の桂小五郎である。明治維新後は「木戸孝允」の名で知られる人物だ。

しかし、強烈なリーダーシップで薩摩藩を倒幕に導いた西郷隆盛や、明治維新後に近代日本の基礎を築き上げた大久保利通に比べ、どうしても小五郎の存在感が薄い。「三傑」どころか、同じ長州藩士ですらも、小五郎より目立っている人物がいるくらいだ。松下村塾でたくさんの志士を育てた吉田松陰や、その弟子のひとりで「奇兵隊」を組織した高杉晋作がその好例だ。

また松陰が「防長第一流の人物たり、因って亦、天下の英才たり」と絶賛した、同じく長州藩士の久坂玄瑞も、尊皇攘夷運動の中心的な役割を果たした英雄として有名だ。

実績では小五郎も負けてはいない。犬猿の仲であった薩摩藩と長州藩が手を組んだ「薩長同盟」。倒幕のためには不可欠だった盟約だが、このときに薩摩を代表したのが隆盛で、一方の長州を代表したのが小五郎である。

しかし、これについても仲介役を買って出た坂本龍馬の方が、同盟の立役者として脚光を浴びてしまっている。

なぜ彼は、これほどまでに過小評価されているのだろうか？

まず、あだ名が悪い。人呼んで〝逃げの小五郎〟。敵に襲われたときの逃げ足の速さからそう呼ばれたが、志士としては少々情けないあだ名だ。

思えば、幕末の長州藩においては、吉田松陰や松島剛蔵《ごうぞう》は刑死し、周布政之助《すふまさのすけ》や来原良蔵《くるはらりょうぞう》は自死。高杉晋作は病魔に命を奪われた。久坂玄瑞や寺島忠三郎にいたっては「禁門の変」で刺し違えて自害している。吉田松陰は30歳、高杉晋作は29歳、久坂玄瑞は25歳の若さで生涯に幕を閉じた。さぞ無念だったことだろう。

そんななか、45歳まで生きた桂小五郎は、彼らと同じ長州藩士として、命を狙われながらも、幕末の動乱を生き延びている。また「維新の三傑」としても、唯一、畳の上で生涯を閉じている。

志士時代の桂小五郎。男前だ

人生としては幸せなことだが、高杉晋作や坂本龍馬が「早世の革命児」と持て囃されるように、日本人は悲劇的な生涯を送った人物を高く評価する傾向がある。

このあたりが、彼が世間で正当な評価を受けられない要因になっているのではないだろうか。

イメージで損をしている桂小五郎、その知られざる素顔にクローズアップしてみたい。

●病弱なのにいたずら好き

小五郎は１８３３（天保４）年、長門国（山口県）萩城下の呉服町江戸屋横丁で、眼科と内科を専門とする藩医・和田昌景の長男として生を受けた。後妻の子だったため、小五郎が生まれたとき、父はすでに54歳だった。

和田家にはすでに跡継ぎがいたが、折しも隣の桂家では当主である桂孝古《たかふる》が62歳で病に伏しており、跡取りを探していた。そんな好機に恵まれて、小五郎は８歳のときに桂家の養子として迎え入れられることになる。小五郎は、家の断絶を防ぐために緊急に縁組みされた、いわゆる「末期養子」であった。

小五郎が養子に入ってわずか20日後に義父が死去。そのまま幼い小五郎が当主の座を継いだが、さらに翌年には義母も死去。小五郎は、90石取りの中士の家の当主のままで、実家の和田家へと引き取られることになった。

いつの間にか当主の地位を手に入れた小五郎は、裕福な幼少時代を過ごした。下級藩士から這い上がった大久保利通や西郷隆盛とは大違いである。また、同じ長州藩の後輩にあたる伊藤博文が、父の代に足軽株を買って農民から軽輩の武士になったことを踏まえても、かなり〝恵まれたスタート〟だ。後世、英雄譚として語られるには、どうしてもインパクトに欠けてしまう。

小五郎は病弱であり、17歳のときには万一に備えて異母姉の子を養子とするほどだった。その割には、「いたずら小僧」という一面も持っていた。

萩城下町にある木戸孝允生家

とりわけ好きだったいたずらが、川の中に潜伏して、行き来する船を船頭ごと転覆させるという、はた迷惑なもの。怒った船頭に追いかけられながらも、逃げおおせては同じ行為を繰り返したというから、すでに「逃げの小五郎」の素質を窺わせる。

いたずらの度が過ぎていたのだろう。ある日、船頭に見つかってしまい、船をこぐ櫂《かい》で頭を引っ叩かれてしまった。

当時の様子を、明治の政治家で講談師の伊藤痴遊《ちゆう》が『木戸孝允・上の一』で次のように書いている。

「小五郎は、額を押さえて、河岸へ這上がつて来た。見れば、額が打裂《ぶっさけ》て、血は、滾々と流れ居る。普通の子どもなら、泣くとか叫ぶとかするのだが、傷口を押さへてニヤニヤ笑つて居る」

額から血を流しながらニヤニヤする姿は、何とも異様だが、この逸話からも小五郎がただのボンボンではなく肝が据わった少年であったことがわかる。

そのときの額の傷は、後世まで残ることになる。

●時代の変革に立ち向かう剣の達人

〝逃げの小五郎〟というあだ名から、彼が斬り合いに弱いというイメージがあるが、実際は剣の達人である。

1846（弘化3）年、小五郎は14歳で、長州藩の師範代である柳生新陰流剣術の内藤作兵衛に入門。剣術の修行に打ち込んだ。ちなみに6年後には、14歳の高杉晋作も、同じ道場の門を叩くことになる。

そして、1852（嘉永5）年、小五郎は剣術修行のために江戸へ出ていく。思い切った決断だが、ひとりだったわけではない。江戸の剣客である斎藤新太郎が萩にやってきたことをきっかけに、藩が「各剣術家から門弟を5人選び、江戸へ1年間遊学させる」と言い出したのである。

昔から江戸に出たかった小五郎にとってはチャンスだったが、残念ながらメンバーには選ばれなかった。同じ門下生からは2人が選ばれているだけに悔しかったに違いないが、小五郎は私費による江戸修行を願い出て、それが認められることになった。

剣の実力では江戸遊学を勝ち取ることができなかった小五郎だが、江戸に着くと麹町3番町にある新太郎の父・弥九郎が開く道場に入門。そこでめきめきと頭角を現すと、翌年には、斎藤道場の塾頭に抜擢されている。その後、藩命で帰藩する1858（安政5）年までの5年間にわたって塾頭を務めていることからも、剣の腕前は抜群だったようだ。

そして、小五郎が江戸に出てくるのを待ち構えていたかのように、1853（嘉永6）年、マシュー・ペリー率いる黒船が来航。長州藩は幕府の命で相模（神奈川県）の海岸警備を命じられ、小五郎も江戸郊外の大森海岸へ出動した。

小五郎に塾頭を任せた剣豪・斎藤弥九郎

そのときに、藩当局にこんな意見書を提出している。

「今度、幕府からの浦賀固めの仰せられたのは、誠に武士の名誉で、ご先祖様もさぞ喜んでいることかと存じます。しかも浦賀は関東で重要な地で江戸の咽喉にあたり、実に大変のことでございます。だから幕府も群諸侯中からお選びになって、特にご当家に命じられたのは、深くご信頼あってのことと存じます。ですから上下一致し互いに奮い立たせながら、太平の世の古い習慣を一新させ、蛮夷を排除し、上は皇帝をお守りし、下は万民を大切に育てることが大事と存じます」

このとき、小五郎は21歳。幕府の危機に奮い立つ、青年の息遣いが聞こえてきそうな文面だ。

剣の腕を磨きながら、小五郎は洋式兵術や造船術も学び、1854（安政元）年には藩から命を受けて、スクーナー型帆船の建造を調査している。新しい時代のうねりを目の前にして、小五郎は逃げるどころか、積極的に困難に立ち向かい、自分の知識や技術を磨いていた。

1859（安政6）年、小五郎は江戸藩邸の有備館用掛を命じられる。有備館は、江戸詰藩士たちの教育機関である。27歳という年齢で、野望を抱えて藩地から江戸に出てくる青年たちの教育責任者となったのだから、藩が小五郎にかける期待の高さが窺える。

●間一髪だった「池田屋事件」

剣の達人で長州藩のホープであった小五郎がなぜ、「逃げの小五郎」と呼ばれるようになったのか。それは、幕末の長州藩の歩みと密接な関連がある。

当時、長州藩をはじめとする尊皇攘夷派は、天皇を味方につけて一気に倒幕に持っていこうと、急速に京での存在感を強めていた。小五郎も江戸から京の地へと、その活躍の舞台を移し、役職も右筆に昇格して政務座の副役、さらに学習院用掛を命じられるなど、どんどん出世を遂げていく。

台頭する長州藩に危機感を覚えたのが、江戸幕府と朝廷の融和を目指す会津藩・薩摩藩を中心とした公武合体派である。1863（文久3）年には、公武合体派がクーデターに成功。長州藩を主とする尊皇攘夷派は、京都から追放されて失脚した。

これが、いわゆる「八・一八の政変」である。

尊皇攘夷の志士たちは、一転して追われる身となってしまう。1864（元治元）年には、京都の旅館・池田屋が、幕府の新撰組から襲撃を受ける。そこで会合を開いていた長州藩士のうち、7名が命を落として23名が捕まったといわれている。この「池田屋事件」によって、新撰組は一気にその武名を轟かすことになる。

そのとき、間一髪で危機から免れたのが、小五郎であった。

小五郎は一度は池田屋に足を運んだものの、到着した五つ頃（午後8時頃）の時点でまだ同志が集まっていなかったため、いったんその場を離れた。新撰組が襲ってきたのは、まさにその間だったというから、かなりの強運である。

決して敵前逃亡をしたわけではなかったのだが、結果的に咄嗟の判断によって命が助かったことから、これも〝逃げの小五郎〟と呼ばれる理由のひとつとなっている。

「池田屋事件」以後は、お尋ね者として完全に追われる身となってしまった小五郎。運が尽きて、幕府の役人に取り囲まれたこともあった。このときばかりは、奉行所に連行されるほかなかったが、途中で小五郎は「便意を催した」と言って、厠へと向かう。

もちろん、見張りはついたままだが、厠の前で袴を脱ごうとする仕草をみて、役人たちは一瞬、油断した。その刹那、小五郎は脱兎のごとく逃げ出すと、そのまま、河原町通りを駆け抜けていった——。

●強いがゆえに一人も殺さず

しかし、小五郎ほどの剣術の腕があれば、危機的な場面でも、もう少し格好の良い切り抜け方ができそうなものだ。

それでも〝逃げ〟に徹したのは、実は小五郎が免許皆伝を得た神道無念流は、「剣を用いない」ことを理想としていたからだ。ここに小五郎が剣の達人であるにもかかわらず、剣を用いずに逃げまくった理由がある。

神道無念流の道場の壁には、次のような書が掲げてあった。

剣を学ぶ人は心の和平なるを要とす
兵は凶器といへば、その身一生用ふることなきは大幸といふべし

小五郎はこの教えを守り、なんと生涯を通じて、誰一人として斬ることはなかった。

ただし、2つ目に挙げた言葉にはこうも続く。

これを用ふるは已むことを得ざる時なり

小五郎に「已むことを得ざる時」が訪れたのは、ある夜に京の四条通を東から西へと歩いていたとき。

3人に尾行されていることに感づいた小五郎は、鴨川にかかる四条大橋を目の前にして、とっさに鴨川の土手にある厠へと入った。狭い厠へと自ら飛び込むのは危険な行為ではあったが、「そのまま橋を渡れば、相手に仲間を呼ばれて橋の上で囲まれてしまう」と、小五郎は考えたのである。

大胆にも追手に背を向けて小五郎は用を足し始めた。

そして、今がチャンスとばかりに追手が小五郎との距離を詰めたその瞬間に、小五郎は振り向きざまに刀を抜くと、ひとりを斬りつけた。

その素早さについて、小五郎の逃亡を助けた廣戸直蔵《ひろとなおぞう》は、こう書き記している。

「公（小五郎）厠に向ふや否や、手を見せずして其一人を切る。二人遁れ走る」

まるで見てきたようだが、小五郎が但馬（兵庫県）に潜伏しているときに、廣戸が本人から聞いた話を綴ったものだ。

本人談である点を差し引いても、小五郎の実力を踏まえれば、ほぼ事実だったのだろう。長州藩が京に出兵して会津藩・薩摩藩に敗れた「禁門の変」以降は、小五郎はさらに危険な立場に置かれるが、見事に京から脱出すると潜伏生活を経て、長州藩の統率者として故郷に迎えられている。

このように、小五郎は強かったからこそ、流派の教えに従って相手も自分も傷つけずに逃げることができた。そして、いざというときにだけ相手を殺すことなく、剣を振るって死地を脱した。

これは〝人斬り〟と呼ばれた志士たちの行為より、よほど難しいことだと筆者は考える。

●明治の大改革を成し遂げる

1870年に撮影された写真。前列中央が桂小五郎

幕府の追っ手から逃れるため、「広《ひろ》戸《と》孝助《こうすけ》」をはじめとして10個以上の名前を使っていた小五郎。その甲斐あって長州藩のリーダーに返り咲いたが、そのときに問題になったのが、いわば幕府から指名手配されている「桂小五郎」を藩の責任者だと公言できないということだ。

そこで、長州藩主・毛利敬親から与えられたのが「木戸」の姓である。明治維新後に氏と名を登録する際には、7歳で桂家の当主を引き継いで以来の諱である「孝允」と組み合わせて、「木戸孝允」とした。

やがて幕府の打倒という大業を成し遂げた小五郎は、明治維新後は「木戸孝允」として、「桂小五郎」時代にも負けないほどの活躍を見せることになる。

明治新政府が行ったさまざまな改革のなかでも、各藩の土地と人を朝廷に返上させた「版籍奉還」と、藩を廃して県を置いた「廃藩置県」は、とりわけドラスティックなものだった。

「明治時代の本当の始まりは、この2つの政策の実行から」とする研究者もいるほど、日本の中央集権化のためには極めて重要な改革だった。

その双方を推進したのが、木戸である。すでに１８６８（明治元）年の時点で、木戸は、副総裁の三条実美と岩倉具視に版籍奉還の必要性を訴え、さらに薩摩藩の大久保利通に具体化を提言するなど精力的に働きかけた。

それを受けて、大久保は薩摩藩の意見をまとめて、翌年には長州藩と薩摩藩に加えて、土佐藩・肥前藩も土地と人民の返上を行うことを決定。結局、５月までには、２６２の藩主が奉還を上表している。

もう一方の廃藩置県も木戸の悲願だったが、こちらは容易なことではなく、版籍奉還から、さらに数年を要することになる。

何しろ、２世紀以上にわたって存在していた国の単位を廃止してしまうのだ。薩長土肥をはじめとした藩の力によって倒幕を成し遂げたのにもかかわらず、である。

反対意見を封じ込めるには、「参議」として誰かひとりを選び、権力を集中させなければならなかった。今で言う首相にあたる人物を選出するということである。そのことは、大久保が１８７２（明治５）年６月１日に書いた日記にこう表現されている。

「政一途に出るは根本一なるにしかず、根本一になるは一人の人を立つるにしかず」

そのひとりの男として西郷隆盛、大久保利通、岩倉具視、三条実美らが選んだのが、木戸孝允であった。

合議制を理想とした木戸は固辞するが、度重なる説得を受けて「西郷も自分と同じ地位に立つ」という条件で同意。6月25日、木戸と西郷は参議に、大久保以下は「卿」として、新政府を運営していくことになった。

そして、それから1ヶ月も経たない7月14日に、天皇から「藩を廃し県と為す」という廃藩置県を断行する詔勅が下されることになる。

急遽呼び出された56人の旧藩主たちは急な展開に驚きを隠せなかったことだろう。無理もない。廃藩を決めたのは、木戸や西郷、大久保など薩摩・長州両藩の実力者のみであり、それも断行されるわずか5日前の7月9日のことだった。そのさらに2日前、廃藩置県を渋っていた隆盛が同意したと聞いた木戸は、日記でこう喜びを記している。

「大に為国家に賀し、且前途の進歩も亦於于此一層するを楽めり」

版籍奉還と廃藩置県。明治の大改革に情熱を注ぎ、実現させた木戸は、まさに近代日本の礎を築くのに欠くことができない人物だったといえるだろう。

●「西郷、いい加減にせんか！」

しかし、何度となく命の危険から逃れ、明治維新の原動力となった木戸も、病気には勝つことができなかった。ドイツ人医師のヴィルヘルム・シュルツには「難治性の胃病」と診断されたが、実際は胃癌に冒されていた。

1877（明治10）年5月26日、木戸が死の床に就いたときは、日本は「西南戦争」の真っ最中であった。木戸の説得に応じて廃藩置県には応じたものの、とうとう西郷隆盛は旧武士階級である士族の不満を代弁する形で挙兵したのである。

隆盛の突然の暴挙に、木戸はすぐさま「自らが鹿児島征伐にあたる」と志願したが、それは叶わなかった。容態が日に日に悪くなっていたからである。

見舞いには明治天皇も駆けつけたが、木戸が回復することはなかった。

意識が朦朧とするなか、木戸は西郷への怒りをぶつけた。

西郷、いい加減にせんか！

戦場で散ったわけでもなければ、薄命だったわけでもない。しかし、彼の生涯を知れば、その最期は日本史のハイライトのひとつに数えられるべき名場面に違いなかった。

死のまさに直前まで日本の行く末を憂いながら、〝逃げの小五郎〟は45年の生涯に幕を閉じた。

高杉晋作

ボンボンから革命家へ

●倒幕に弾みをつけた離れ牛

「維新の三傑」たちと、彼らを結びつける役割を担った坂本龍馬、誰が欠けても倒幕は成し得なかっただろうが、もうひとり忘れてはいけない人物がいる。

長州藩の高杉晋作である。

1865年、和暦にして元治元年12月15日、晋作は幕府に恭順しようとする長州藩内の「俗論派」を打倒するため、下関の功山寺《こうざんじ》で挙兵してクーデターを起こす。

真があるなら今月今宵、あけて正月、誰も来る！

晋作が大声で怒鳴った都々逸に応じたのは、たったの84人。対する俗論派は2000余り。絶望的な状況だったが、晋作たちの熱意が領民たちに広がるにつれ勢力を増していき、やがて俗論派に勝利を収めることになる。

このとき活躍したのが、晋作が創設した身分に頼らない軍隊「奇兵隊」。その勝利によって、長州藩は倒幕へと大きく舵を切ることになった。

そんな晋作のことを、師の吉田松陰は次のように評した。

「識見気魄、他人に及ぶなく、人の駕御《がぎょう》を受けざる高等の人物」

物事を正しく見分ける力と、力強く立ち向かってゆく精神力、いずれも他人に及ぶものはなく、人の言いなりにならない人物——まるで晋作の活躍を予見していたかのようだ。

晋作や久坂玄瑞とともに「松陰門下の三秀」と称される吉田稔麿《としまろ》にいたっては、こんな表現で晋作を表した。

「鼻輪を通さない離れ牛」

自由奔放でコントロール不能、走り出したら止まらない。そんな気質だからこそ、彼は強大な相手にもひるまずに挑み、勝つことができた……そう解釈されがちである。

だが、晋作が残した書簡を紐解きながら、その時々の言動を見てみると、破天荒さとは程遠い、彼の意外な本性を垣間見ることができる。

誰よりも激しく幕末を駆けた高杉晋作

こんな話がある。
1860（万延元）年、22歳の晋作は、16歳のマサと結婚した。新婚当初、マサはさぞ緊張したことだろう。晋作の母ミチから「晋作は気短だからそのつもりで仕えてくれ」と諭されていたからである。
ところが実際の晋作はとても優しく、結婚生活において一度も叱られることはなかったと、のちにマサは回想している。

一方で、留守にするときに妻に残した手紙を読むと「武士の女房は、歌の一首くらいは詠めねば」と教養を身につけさせようとしたり、裁縫に精を出すように言ったりと、やたらと世間体を気にする晋作の姿が見えてくる。

どうも晋作は周囲から見たイメージだけでは測れない一面も持っていたようである。

幕末の長州が生んだ天才革命家の素顔を明らかにしていこう。

●裕福で過保護に育てられた

高杉晋作は１８３９（天保10）年、長門国（山口県）萩城下で４人兄弟の長男として生まれた。父は長州藩士の高杉小忠太。藩主の小姓や小納戸役を経て、のちに第14代藩主となる毛利元徳《もとのり》の教育係となり、藩主の側で殿中の諸事を統轄する奥番頭も務めた。

つまりは、藩の中級官僚として安定した生活を過ごしていたわけで、そのもとで晋作は育てられたことになる。

いや、父親だけではない。高杉家およびその一族は、藩主側近の奥番頭をはじめ、藩の中級官僚を代々輩出してきた。祖父の又兵衛は、上関や大島の代官を歴任。藩が年貢や特産品を販売する大坂蔵屋敷の責任者まで務めていた。

高杉家の先祖は、毛利元就に仕えた安芸武田家の庶流、武田小四郎春時だといわれている。毛利氏が「関ヶ原の戦い」で徳川家康に敗れて防長二州に押し込められると、高杉家も萩に移ってきたのだ。

晋作は、そんな恵まれた環境のなかで、ひとり息子として大切に育てられた。長男で第一子である晋作のあとに、子どもは3人生まれたが、全員が女子だったため、家族の期待も大きかったに違いない。

「長州の離れ牛」こと高杉晋作誕生の地

10歳のときのことだ。晋作が熱を出して顔面や手足に疱瘡の症状が現れると、家族は大騒ぎになった。有名な蘭学者である青木周弼《しゅうすけ》に診てもらったが、それだけでは安心できずに、能美洞庵《のうみとうあん》に往診に来てもらっている。能美洞庵は藩主の毛利斉元や毛利敬親の側医を経て、医学館済生堂の頭取になった名医である。

さらに晋作の祖母が寝ずに看病をしたようで、そのときのことを父の小忠太は、次のように記している。

「御母様昼夜御介抱、容易ならざる御苦労、十一二日比《ごろ》御気遣ひに御持病にも障り申すべき儀と懸念仕り候得とも御はり気にて、其後至極手際宜しく、私共大いに仕合候」

　晋作にとって家長である父の存在が大きかったのはもちろんのことだが、祖父の又兵衛もまた晋作に影響を与えた。又兵衛は、1855（安政2）年に70歳になると、息子の小忠太へ家督を譲ると隠居。仕事から離れれば、自然と注意は孫に向けられることになる。

　晋作を呼び寄せては口酸っぱくこう言っていたという。

「何とぞ大なることをいたしてくれるな、父様の役にもかかわるから」

　後年のアウトローなイメージとは裏腹に、実は窮屈なほど過保護に育てられた少年だった。

●師のコントロールで能力を伸ばす

　そんな祖父の言いつけを守らずに、晋作が足しげく通ったところがある。吉田松陰が塾長を務める松下村塾である。入門したのは、1857（安政4）年、19歳のときである。

　しかし、吉田松陰といえば前述したように当時は〝危険人物〟と目されていた。祖父はもちろんのこと、家族の誰もが息子と関わらせたくなかったことは言うまでもない。それでも晋作は夜中に家を飛び出して、松陰のもとへと通った。

　一体、何がそこまで晋作を駆り立てたのか。

それは3年前の1854（安政元）年、16歳だった晋作が父に連れられて、江戸へ行ったことがきっかけだった。1年前にやってきた黒船が、再び浦賀にやってきた年である。開国を促す親書を渡してきたマシュー・ペリー提督が再び来日することは既定路線だったのだが、予定より半年も早く来訪したことに、幕府は大いに戸惑った。

江戸に不穏な空気が流れるなかで、晋作が「このままでは日本は立ち行かなくなる」と危機感を覚えたのは当然で、その焦燥感が晋作の足を松下村塾へと向かわせたのである。

師匠・吉田松陰の晋作への評価は高いものだったが、一方で、「任意自用の癖あり（自分流に勝手に物事を解釈する傾向がある）」という弱点も見抜かれていた。

あるとき、松下村塾の門下生ではないものの、同じく松陰と師弟関係にあった桂小五郎が晋作について、「他人の言うことを聞かない頑固者だから注意してほしい」と松陰に頼んだことがあった。

しかし、それに対して、松陰はこのように言っている。

「晋作の頑質はよく解釈すれば、妥協を許さないという、一つの個性である。みだりに矯正しては、ひとかどの人物にならない。晋作はたとえ他人の言を容れなくても、決してその言を棄てることはない。十年後、自分が何か行うときは、必ず晋作に相談するだろう」

これだけ賞賛されれば、小五郎も納得するしかなかったという。

もちろん、ただ見守るだけではなく、晋作の学力を伸ばすためにライバル的存在だった久坂玄瑞をことさら誉め、晋作の競争心に火をつけている。結果的に彼は飛躍的に学識を高めていくことになる。

実は幕末の志士のなかでも、とりわけ読書家で広い知識を備えていたとされる晋作。天才肌だと誤解されがちだが、師の人心掌握術によって、才能を大いに伸ばされていた。

●江戸になじめずに弱音ばかり

家族の目を盗んで松下村塾に通い、頭角を現した晋作。

だが、先に江戸の地で活躍したのは、ライバルの久坂玄瑞のほうだった。1858（安政5）年、藩から許可を得て、玄瑞は江戸へ遊学を果たす。さらに、他の塾生も次々に旅立っていった。

それでも晋作はライバルの活躍を喜んでいたようで、玄瑞から道中の状況を知らせる手紙が師匠のもとに次々と届くなか、手紙で次のように書いている。

「玄瑞君もますます意気が盛んで、大坂を過ぎて京都に至ったことは愉快、愉快。京都の事象にじかに触れて、さぞかし喜んでいることと、恐れ入っております（安政5年4月13日付、吉田松陰宛）」

しかし、実のところは、自分だけ取り残されていることに焦りを感じていた。同じ手紙のなかで、なんとか自分も江戸に遊学させてもらえないかと、松陰に幕府への働きかけを期待している。

「僕の遊学について検討していただく件、よろしくお頼み申し上げます。上役たちの間で検討が行われるかどうか、先生にも心にとめていただき、小田村さんとご相談していただければ、ありがたく思います」

文中の「小田村さん」とは松陰の妹、寿と結婚した小田村伊之助のことで、松陰とは義理の兄弟関係を持つ。なんとか自分もほかの塾生たちと同じように遊学させてもらえるようにと必死に頼み込んでいる様子が伝わってくる。

松陰の妹を娶った小田村伊之助

そして間もなくして願いが叶い、晋作にも遊学が許可されることになる。松陰からは「玄端とともに頑張れ」と激励を送られたが、ライバルとの遅れを取り戻してやろうと意欲に溢れていたに違いない。

孤高の暴れん坊というイメージとは裏腹に、周囲の影響を受けやすかった晋作。

江戸に渡ったのは、可愛がってくれた祖父が死去したのちのことである。祖父が亡くなったとき、松陰へ書いた手紙には「大きに驚申候」「涙は落ち申候」とあるように、ショックな出来事だったのかもしれないが、ついに晋作を繋いでいた名門の軛《くびき》がひとつ取れた瞬間でもあっただろう。

ところが、念願だったはずの江戸での遊学は、晋作にとって苦痛の日々だったようだ。まずは儒学者の大橋訥庵《とつあん》の私塾に入門。攘夷論が人気の塾だったが、晋作は「愚に堪えかね（安政5年10月6日頃、吉田松陰宛）」、たった2ヶ月で退塾している。

よほど不安定な状態に陥っていたのだろう。松陰への手紙が乱筆になってしまったことをこんなふうに詫びることもあった。

「晋作の心、糸のごとく乱る。ゆえに言も乱暴、筆も乱暴。先生、我がために御推察下され候えば、ありがたく存じ奉り候」

心をかき乱されているという文面からは、のちに大胆な行動を引き起こす豪快さはまるで感じられない。自分を理解してくれる師匠がいることのありがたみを、痛感したことだろう。その後は、江戸幕府直轄の教学機関である昌平坂学問所に入塾するが、松下村塾で得られた充実感とは程遠かったようだ。

●父が怖くて師と疎遠に

知行合一。

「本当の知は実践を伴わなければならない」というのが、吉田松陰の教育理念であった。松陰が脱藩を決行したり、黒船への密航を試みたのは、その「知行合一」を体現したからにほかならない。

しかし、その行動すべてに弟子たちがついていったわけではなかった。過激な運動を繰り返した結果、松陰が獄へ入れられると、高杉晋作、久坂玄瑞、飯田正伯《しょうはく》、尾寺新之丞、中谷正亮らの5人は血判状を師に送る。ただ、それは師匠の行動を後押しするものではなく、時期尚早である、と計画の中止を勧めるものであった。

だが松陰はこれに激怒。とりわけ晋作への絶望は深かったようで、門下生の岡部富太郎に宛てた手紙で次のように書いている。

「殊に高杉は思慮ある男なるに、しかいふこと落着に及び申さず候」

「落着に及び申さず」は「納得できない」ということ。松陰にしてみれば、今動かずしていつ動くのか、という危機感があったからこその失望だろう。

こうして晋作は師から絶縁されてしまった。あれだけ師を慕いながらも、最後までついていけなかったのは、やはり家族の事情があった。もともと松陰との師弟関係は、家族に反対されていた。もしここで一線を越えれば、いよいよ家から絶縁されることも覚悟せねばならない。

晋作はライバルの玄瑞らへの手紙で、その苦悩を綴っている。

「僕、一つの愚父を持ちおり候。日夜、僕を呼びつけ俗論を申し聞かせ候。僕も俗論とは相考え候えとも、父の事ゆえ、いかんとも致し方ござなく候」

「父の戒言にそむき候えば不孝になり候ゆえ、そむく心にはなりかね申し候（安政6年3月25日付、久坂玄瑞・中谷正亮・半井《なからい》春軒宛）」

父の考えは世俗的でつまらないものだと思いながらも、父の言葉にそむくことはできない。晋作は師匠よりも父をとるよりほかはなかった。

だが、これで2人の関係が完全に途絶えたわけではない。その後、松陰が江戸へ送られると、晋作は獄中の松陰に金銭や筆紙、そして書籍などを調達して送るなど、師弟の交流が再開されることになる。

そんなある日、晋作に帰国の命が下り、師と再び離れ離れになる。大老の井伊直弼が行った「安政の大獄」によって松陰が処刑されたのは、晋作が後ろ髪を引かれながら、江戸から萩に帰国する道中のことであった。松陰の死を知らされた晋作は、激憤し慟哭したという。

あまりにも間が悪いタイミングでの帰国。一説には、息子が獄中の松陰と接触していることを知った、晋作の父による働きかけだったといわれている。

●上海で生まれ変わる

1860（安政7）年、江戸城の桜田門外で、吉田松陰を処刑した井伊直弼が水戸や薩摩の浪士たちに暗殺される。「桜田門外の変」である。

晋作からすれば、師を亡き者にした相手に鉄槌が下されたわけだ。暗殺を実行した水戸浪士らを、桂小五郎は絶賛し同志を募り始める。尊皇攘夷派が勢いづくなか、晋作は父にこんな手紙を書いている。

「寅次郎のために身を失うような事は致さず候（万延元年3月15日付、小忠太宛）」

「寅次郎」とは松陰のことだ。わざわざ、自分はそんな反乱に加わらないと父にアピールしているのである。なんと聞き分けの良い〝離れ牛〟だろうか。

晋作は1861（文久元）年、23歳のときに、藩主の子・定広の小姓役を任じられた。その翌年には上海行きを命じられるほど立派に独り立ちしていたが、そのときも父にはしっかりと相談している。

「私の性は鈍で才は疎であるのに、思いがけないことにこんな大命を受けてしまいました。しかも私には男兄弟がいません。いま遠い海外に遊学したならば、父を養い、孝行する者がなくなります」

このときは父の「君命をお受けするように」という言葉に後押しされて、上海行きは成し遂げられた。もし父に難色を示されれば渡航しなかったことだろう。

しかし、この上海行きこそが、晋作の意識を大きく変える経験となる。

初めての海外体験で知ったのは、欧米列強の勢いと、それに蹂躙される中国の凋落ぶりだ。アヘン戦争に敗北後、欧米列強の草刈り場と化していく中国に、日本の未来を重ねるなというほうが難しかった。

帰国後、晋作は藩命によって再び江戸へ。父への手紙ではこう綴っている。

「私儀、この度国事切迫につき余儀なく亡命つかまつり候。御両人様へ御孝行つかまつり得ざる段、幾重にも恐れ入り候。何とも高免下なし下され候（文久2年8月27日付、小忠太宛て）」

なんと「国の一大事なので脱藩を決行するために、もはや孝行はできない」と、これまでの彼なら絶対に書かないような決意を父に叩きつけている。

ついに晋作の行動に歯止めをかけられる者は、誰もいなくなった。

数ヶ月後、晋作は同志を率い、横浜金沢へピクニックに出てきた外国公使の暗殺を企てる。この計画は藩に露見し未遂に終わるが、すぐさま品川御殿山で建設中のイギリス公使館を焼き討ちするという事件を起こす。安易な開国は亡国への道だと、晋作なりに必死に訴えようとした結果である。

ついに晋作が「知行合一」へと踏み出したことは、誰の目にも明らかであった。

それでも、イギリス公使館の焼き討ちを決行するときには、木柵を鋸であらかじめ切っておき逃げ道を作るなど、冷静さは健在だった。感情に任せて行動しているようで、手は打っているのが晋作という男である。

しかし、この時点で晋作に残された寿命はわずか4年。本人はそれを知る由もないが、翌年の1863（文久3）年、晋作は「奇兵隊」を創設することになる。

●新時代の軍「奇兵隊」の誕生

「奇兵隊」の創設によって、彼が歴史に深く名を刻むことになったのは多くの読者がご存知だろう。

彼らの活躍が長州藩を倒幕に傾けたことは、冒頭ですでに書いた通りだが、そこに至るまでに紆余曲折があったことは、あまり知られていない。

奇兵隊が結成されたきっかけは、萩に戻っていた晋作を藩主が山口へと引っ張り出したことにあった。

和暦にして文久3年5月10日。幕府は朝廷からの要請によって「攘夷期限」の日を定めたものの、いざその日になっても、どの藩も動こうとしない。そんななか、長州藩だけがアメリカ船のペンブローク号に砲撃を開始。その反撃として、アメリカばかりかフランスまでもが、今の下関にあたる馬関を攻撃してきた。

そこで藩主の毛利敬親が晋作を呼び寄せて、良い対策がないかを尋ねたところ、晋作によって発案されたのが「奇兵隊」である。既存の正兵に加えて、神出鬼没の奇襲攻撃を行う「奇兵」こそが、軍備に役立つと晋作は考えた。

この意見が採用され、晋作は奇兵隊を率いて、馬関の防御を一任されることとなる。奇兵隊について、晋作は次のような方向性を打ち出していた。

「奇兵隊は有志の者の集まりとし、藩士、陪臣、軽卒を選ばず、同様に交わり、もっぱら力量を重んじて、堅固な隊をつくる」、「奇兵隊には、これまでに小銃隊にいた者や他藩の者もいる。また民衆の志を奪うことはできないから彼らも拒否しないで隊へ加えたい」

従来の軍事編成では、家柄や身分が基準となっていたが、晋作が考案した「奇兵隊」は身分を越えた有志の集まりで、力量が重視された。さらに、農民も加わることができるというから、誰もが平等に参加できる理想的な軍隊のように思える。

●内ゲバで死者を出す

だが、奇兵隊の誕生によって、内部で諍いが起きることもあった。同じ藩兵である先鋒隊との軋轢である。晋作はこの先鋒隊の立て直しも担っていたが、いかんせん両者は仲が悪かった。

奇兵隊士たちの写真。維新後は反乱を起こし雲散霧消する

先鋒隊が奇兵隊のことを「烏合の衆だ」と馬鹿にすれば、奇兵隊も過去の敗戦を持ち出して先鋒隊を「腰抜け武士」と言い返すといった有様であった。

ある日、酒に酔っ払った先鋒隊が奇兵隊の宮城彦助にからんだことで、奇兵隊士が先鋒隊を襲撃。彦助は先鋒隊から奇兵隊に移ってきたため、先鋒隊に恨まれていたようだ。

両者は乱闘となって、先鋒隊のほうは蔵田幾之進が斬り殺された。一方の奇兵隊のほうは、奈良屋源兵衛が捕らえられてリンチに遭い殺されるという悲劇を生んだ。

また、奇兵隊内部にも溝がなかったわけではない。

結成時の理念とは裏腹に、実は身分の差は歴然としてあり、「袖印」という名札ひとつとっても、藩士は白絹地、足軽以下は晒布《さらしぬの》と定められていた。被差別部落民による隊のひとつである「維新団」にいたってはさらに差別が酷く、頭にかぶる笠から衣服まで黒ずくめで、飾りをつけることさえも許されなかった。

〝自由で平等〟というイメージが強い奇兵隊だが、晋作は単に「武士以外の人間でも有能な兵になりうる」と考えたに過ぎず、「人は身分を越えて平等である」ことに、強いこだわりがあったわけではない。これまで見てきた高杉家の恵まれた環境に鑑みれば、特に不思議なことではないだろう。

1867（慶応3）年、晋作は倒幕を見届けることなく、29歳の若さで肺結核で命を落とす。晋作が最期に詠んだとされる次の歌はあまりにも有名だ。

「おもしろきこともなき世におもしろく」

もし晋作が、気の赴くままに暴れ回ったというイメージ通りの人物ならば、「おもしろきこともなき世」とは詠まなかっただろう。一族のしがらみにがんじがらめになりながら、挫折を繰り返した晋作だからこそ、この境地にたどり着くことができたのである。

自らのことを「狂挙《きょうきょ》」と呼んだ晋作。確かに奔放な振る舞いも目立ったが、それは繊細で神経質な自分を隠すための、彼なりの処世術だったのではないだろうか。

死を恐れない名指導者

伊藤博文

●初代総理なのに……

明治維新は一種の革命だが、新政府の誕生で最も立身出世を果たした志士は誰だろう？これまで見てきたように、「維新の三傑」たちや坂本龍馬、高杉晋作らは新政権を誕生させるにあたり中心的な役割を担ったが、何らかの災難に遭って意外と早く退場を余儀なくされている。

彼らを差し置いて1885（明治18）年、初代内閣総理大臣となったのが、伊藤博文である。明治の政治家として名を馳せた伊藤は、「幕末の志士」としての印象は薄いが、1841（天保12）年生まれのれっきとした長州藩士である。松下村塾で吉田松陰に学び、尊皇攘夷を掲げて討幕運動にも貢献した。

明治維新後も木戸孝允、西郷隆盛、大久保利通が倒れていくなかで生き残り、日本のトップにまで上り詰めた伊藤こそが、幕末の志士のなかで最も出世した人物ではないだろうか。

なにしろ、高杉晋作や木戸と違って、博文は足軽の身分から大成して若くから明治新政府の要職に就き、初代内閣総理大臣を務めたほか、初代枢密院議長、初代貴族院議長にも就いている。なかでも内閣総理大臣には計4回も就いているのだ。

これだけ華麗な経歴を誇りながら、西郷や大久保とは比較にならないほど、伊藤は好感度が低く、「軟弱で理念なき政治家」というイメージも強い。強烈なリーダーシップを持っていた西郷や大久保と違って、伊藤はどちらかというと師が評したように〝調整型〟の人物であり、迫力に欠けてしまう。

また、日本が勝利したロシアとの「日露戦争」において、開戦前に伊藤が「恐露病」と揶揄されるほどロシアを恐れ、なんとか戦争を避けようと和平への道を探っていたことも軟弱とみられるゆえんであろう。

さらに、1905（明治38）年、朝鮮統監府の初代統監になったことで、「韓国支配の元凶」というイメージまで付いて回ることになる。民主主義の弾圧者が、後世から支持されるのは難しい。

若かりし日の伊藤博文。精悍な顔つきだ

また、プライベートの面では、女癖があまりにも悪かったことも、マイナスポイントだ。正妻を持ちながら愛人を何人も囲い、その好色ぶりは明治天皇から苦言を呈されるほどだった。当時の雑誌も、伊藤の醜聞を書き立てている。

こうして挙げていくと、初代内閣総理大臣に就任したのが嘘のようだが、伊藤は本当に世間から見られているような政治家なのだろうか？

●6歳のときに父が破産

伊藤が生まれたのは周防国熊毛郡《すおうのくにくまげ》束荷村《つかり》。現在の山口県光市にあたり、伊藤公記念公園には生家だけではなく、生まれたての伊藤を産湯へ入れるために使われた井戸まで保存されている。一般的な人気はなくとも、地元での存在感はさすがである。一方、山口県萩市にも伊藤の旧宅が残されている。9歳のときに、束荷村から萩市へと移住したためだ。

転居の理由は、父の破産である。

伊藤の父、林十蔵は1841（天保12）年、24歳のときに2歳年下の妻、琴との間に長男をもうけて利助と名付ける。後の伊藤博文である。

しかし、百姓だった父は、伊藤が6歳のときに破産。年貢の玄米が保管されておらず、引負が生じてしまったことによるものだった。その理由は、貧困者を助けるためだったという説もあれば、派手な交友関係によって浪費したというまるで異なる説もある。

ただ、確かなのは、当時30歳だった十蔵は、持ち前の負けん気の強さを発揮して、窮地を脱するべく大きな勝負に出たということだ。

十蔵は一念発起して、妻と息子を実家に預けて萩市に出ていき、足軽の伊藤直右衛門のもとに仕えたのだ。そこでの熱心な仕事ぶりが認められて、3年後には妻子も呼び寄せることができ、9歳の伊藤は萩市へと転居した。

さらに、十蔵は子宝に恵まれなかった直右衛門の養子に入ることになる。父が養子に入ったことで、伊藤は14歳で農民から足軽へと身分を格上げされた。まだ束荷村の農民だった頃から、いつも木切れや竹切れを腰に差して「自分は武士だ」と言い張っていた伊藤少年にとって、喜ばしいことだったに違いない。

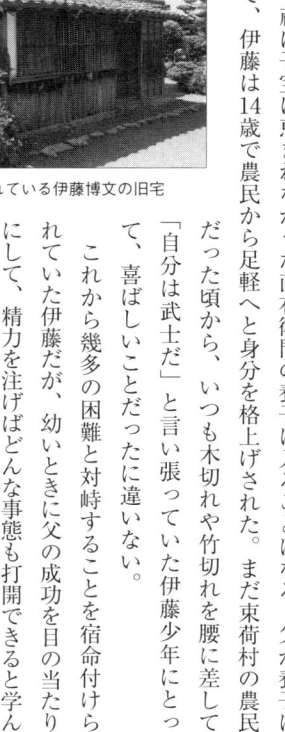

これから幾多の困難と対峙することを宿命付けられていた伊藤だが、幼いときに父の成功を目の当たりにして、精力を注げばどんな事態も打開できると学んだのかもしれない。

山口県萩市で保存されている伊藤博文の旧宅

●肝が据わった少年だった

友達と川で遊んだり、相撲をとったりと、ごく普通の遊びを楽しんだ少年時代の伊藤だったが、農民にもかかわらず武士だと強弁したように、父譲りの負けず嫌いな一面があった。

顔つきが青白かった伊藤は、よくこうからかわれていた。

「利助のひょうたん、青びょうたん、お酒を飲んで赤こうなれ」

その場では笑ってやり過ごしたが、伊藤は決して彼らの悪口を忘れなかった。

戦ごっこになったとき、伊藤は逃げるふりをして、自分を馬鹿にした連中を藪の中に誘い込んだ。そして、風上から火を放つという中国の軍師のような計略を成功させている。火傷した者もいたというから、さすがにやり過ぎだが、伊藤からすれば侮辱への仕返しをしたに過ぎなかったのだろう。

また、友人たちと神社に行き、祭で使う山車を見つけたときのこと。勝手に引っ張りだして遊んでいると、通りがかりの村役人に見つかり、大声で怒鳴られてしまう。みなが蜂の巣をつついたように一斉に逃げ出すなか、伊藤だけがその場にひとり残っていた。理由を問われて、伊藤は次のように答えた。

「初めは悪いと思って止めたのだけど、皆が聞き入れぬので自分も仲間に入った。いたずらをしたのはよくないことなので、どうとでもしてくだされ」

いざというときにも肝の据わった態度でいられるのは、リーダーとして大切な資質である。伊藤はそれを少年時代からすでに身に付けていた。

●松陰が愛した「実直さ」

父の成功によって萩に転居したことで、伊藤はかけがえのない出会いを果たす。萩で松下村塾を開いていた吉田松陰である。

伊藤が松下村塾に入門するにあたっては、作事吟味役を務めた来原良蔵という人物が推薦状を書いているのだが、それにはちょっとした経緯がある。

萩に転居した伊藤は1856（安政3）年、16歳のときに長州藩の命を受けて、現在の神奈川県にある相模湾へ派遣されて警備を担当する。年号から分かるように、3年前にマシュー・ペリーの黒船が来航したためである。

兄弟弟子の高杉（左）と伊藤（右）

積極的に雑用をこなす伊藤の姿を見て気に入った来原は、何かと目をかけて読書の指導などを行った。1年の役目を終えて伊藤が萩に帰ることになると、学問を続けさせてやりたいという思いから、来原が松陰に推薦状を出して、伊藤は1857（安政4）年から松下村塾に入門している。

松陰のもとで伊藤は持ち前の負けず嫌いを

発揮し、学問に傾倒。同窓の吉田稔麿から読み終わった書物を譲ってもらっては片っ端から読んだ。尊皇攘夷思想に目覚めた伊藤は、長州藩のホープとして注目されることになる。

人生の転機というものは、大決心から生まれると思われがちだが、伊藤のように、たまたま与えられた仕事を懸命にこなすことで道が開けるケースもあるのだ。

松陰も、伊藤の誠実さを気に入っていた。伊藤について次のような評価を下している。「才劣り学稺《おさな》きも、質直にして華なし。僕頗《すこぶ》る之を愛す」

つまり、「才能は劣っており、学問も未熟だが、実直で質素な性格である。私はとてもこの弟子を愛している」と松陰は述べているのだ。

●処刑された恩師の死体を帯で結ぶ

1858（安政5）年、長州藩から6人の青年が選ばれて、3ヶ月にわたって京に派遣されることになった。そのうち4人が松陰による推薦で決まったが、そのなかには伊藤も含まれていた。

さらに、京から戻った伊藤は、今度は来原良蔵に連れられて長崎で洋式銃陣法を伝習。次に江戸にわたって、来原の義兄にあたる木戸孝允のもとで修行することになった。

江戸の長州藩邸に移り住んだ伊藤は、この江戸の地で生涯の盟友を得ることになる。6歳年上の長州藩士、井上馨である。

2人は同じ萩にいながらも、井上は藩校の明倫館で学んだため、それまで伊藤とは交流がなかった。生まれも井上は中級武士の階級であり、農民から足軽となった伊藤とは全く違う境遇で育った。その2人が江戸の地で出会い、苦楽をともにするのだから人生は分からない。

しかし、出会いもあれば別れもある。この江戸の滞在中に、吉田松陰が安政の大獄によって幕府から死罪が言い渡され、即日処刑されてしまう。

伊藤の生涯の盟友・井上馨

伊藤は木戸らと松陰の遺体の受け取りへ向かった。首を斬られて丸裸にされた恩師の無残な姿を前にして、伊藤らは周囲を驚かせる行動に出た。胴から離されて血まみれになった松陰の首を水で綺麗に洗うと、柄杓の柄を使って、胴体とつなげようとしたのである。

役人に制止されても諦めきれず、木戸がまとっていた着物で遺体を包むと、伊藤は自分の帯を使って、松陰の胴体と首を結んで埋葬した。

吉田松陰が葬られている萩市の墓所。高杉晋作らも同じ墓所だ

このように、伊藤には喜怒哀楽を惜しみなく発露する一面もあった。

時代は飛ぶが、1908（明治41）年に、井上が大病を患って、興津の別邸で危篤状態になったときのことだ。

伊藤は韓国総督の制服のままで駆けつけると、別邸の近くにホテルをとり、昼夜を問わず看病を行った。容態が落ち着いたのを確認して伊藤がその場を離れたのは、実に2週間後のことであった。

全快祝いの席で、伊藤は井上にこんな言葉をかけた。

「お前、死んじゃ困るから大事にしてくれよ」

それに対して井上が「お前こそ大事にしてくれよ」と言うと、2人で抱き合ったまま、大勢の前で泣いたという。

●命をかけて戦いに身を投じた

1865年、和暦にして元治元年12月15日、長州藩の俗論派を打倒するためのクーデターが、高杉晋作によって引き起こされる。しかし、前述したように、功山寺に集結したのはたったの84人。相手の俗論派は、2000余りの兵を誇っていた。

晋作が決起した裏には、身分を問わず有志者によって組織した奇兵隊が呼応してくれるはず、という思惑があった。また、奇兵隊のほかに、幕末になってから新設された部隊がいくつもあり、それらは諸隊と呼ばれていた。

奇兵隊の軍監を務めたのは山県有朋だったが、最初の84人のメンバーには含まれていない。機を見るに敏の山県は、情勢を見極め「勝機あり」と見て参戦したのである。

しかし、晋作を兄貴分のように慕っていた伊藤は違った。晋作の呼びかけにすぐさま反応し、自ら率いる力士隊とともに挙兵したのである。

伊藤が晋作と決起したのは、このときが初めてではない。3年前の1862（文久2）年、晋作がイギリス公使館を焼き討ちする計画を立てると、伊藤もそれに参加。さらに、その直後、「国学者の塙次郎《はなわじろう》が孝明天皇を廃帝しようと企んでいる」という噂を聞きつけると、伊藤は塙を待ち伏せして斬殺している。

〝調整役〟に徹したイメージが強い伊藤だが、山県と違って、やる時は打算を抜きにして行動を起こす。そんな果断な男だった。

●近代化のビジョンが明確だった

高杉晋作と2度行動をともにした伊藤だったが、イギリス公使館焼き討ちと、功山寺での挙兵のときでは、伊藤の思想は様変わりしていた。

きっかけは、1863（文久3）年9月から翌年まで、ロンドンに留学したことである。現地で欧米列強との国力の差を肌で感じた伊藤は、攘夷思想から一転、長州藩の攘夷を制止しなければならないという考えに至った。留学を熱心に誘ったのは、盟友の井上馨である。帰国後、2人は決死の覚悟で長州藩の藩主に攘夷は無謀であると伝えることになる。伊藤の価値観を変えたロンドン留学は、英語力という武器を伊藤に与えることになり、その真価は明治維新後に発揮された。

しかも、伊藤は語学だけではなく、欧米の政治や文化についても研究を重ねていた。外国の政治や行政を取り入れ日本の近代化を促したのも、伊藤によるところが大きい。憲法制定にあたって、ドイツを参考にしたのは有名な話である。

1868（明治元）年には、兵庫県知事に就任。28歳という若さでの大抜擢だったが、神戸港で外国人と交渉し、外交上の判断を下せる人物ということで伊藤が適任とされた。

33歳で参議兼工部卿として初入閣を果たした伊藤は、その3年後には木戸孝允以上の実力者として、長州を束ねるほどの影響力を持つ。そして1878（明治11）年、大久保が暗殺されて「維新の三傑」がすべて没すると、伊藤が内務卿となり、政治の中心に躍り出る。

38歳という若さだったが、伊藤は陸軍を巧みに掌握した。加えて、日本と中国の両属関係にあった琉球について藩を廃止して、沖縄県を設置。清国との国境問題をすばやく解決させている。

吉田松陰が見抜いていた「周旋家（交渉役）」としての才能が開花したのである。

松陰の伊藤評は、実際に内閣総理大臣としての仕事ぶりを見ての、大隈重信による評価ともぴったりと重なる。

「長州ファイブ」で留学。上段右が伊藤

「伊藤の性格が極めて調和的であったことは、多数の政治家に稀にみらるる美点であった。政治には両方面の衝突が必然伴うてくる。わが国の政治が比較的円滑に淀みなく発達を遂げてきたのは、実にこの伊藤の調和的な性格に俟《ま》つところが大きかった」

1885（明治18）年に、日本が内閣制度に移行すると、総理大臣として太政大臣の三条実美なども有力候補に挙がるなか、井上の一言が流れを決定づけた。
「これからの総理は外国の電報を読めなければならないのではないか」
伊藤が初代内閣総理大臣に選ばれたのは、その調整力と語学力を買われた結果だった。

●日露戦争を終結に導く

4度にわたって内閣総理大臣を務めた伊藤は、大日本帝国憲法の制定に尽力したほか、立憲政友会の総裁となって、政党政治への道を拓いた。また「日清戦争」では、自ら全権となって「下関条約」を締結させている。伊藤の功績を挙げていけば、それだけで1冊の本になってしまうだろう。

しかし、伊藤についての誤解を解くとなれば、日露戦争に触れないわけにはいかない。当時の総理大臣である桂太郎が「日英同盟」を結ぶことで抑止力を高め、ロシアとの衝突を避けようとしていた一方で、伊藤や井上馨は元老として日露協商の締結を働きかけていた。そのことから伊藤は「恐露病」と揶揄され、「大国に怯える政治家」として矮小化されてしまった。

しかし、それは完全に誤解である。伊藤の先見性がなければ、日露戦争は長期化し、日本が敗戦していた可能性すらあった。

1904（明治37）年2月4日、御前会議で開戦が決まると、伊藤はすぐに貴族院議員の金子堅太郎を電話で呼び、こんな指令を下した。

「君に今すぐ、アメリカに行ってほしい」

驚いた金子がその理由を問うと、伊藤は次のように説明したという。

「この日露戦争が1年続くか、2年続くかまた3年続くか知らぬが、もし勝敗が決しなければ両国に入って調停する国がなければならぬ」

日本の同盟国であるイギリス、ロシアの同盟国であるフランス、日本を嫌っているドイツ以外で、間に入ってくれる国はアメリカしかないと、伊藤は自説を披露した。金子がハーバード大学法科大学でセオドア・ルーズベルト大統領と同窓生だったことに着目し、重要な任務を託したのである。

そして、最後にこう告げたとされる。

いよいよロシア軍が海陸から、わが国に迫った時
には、一兵士として鉄砲をかつぎ戦う

結果的に、「日露戦争」は日本の連戦連勝が続い

伊藤の密命を受けた金子堅太郎

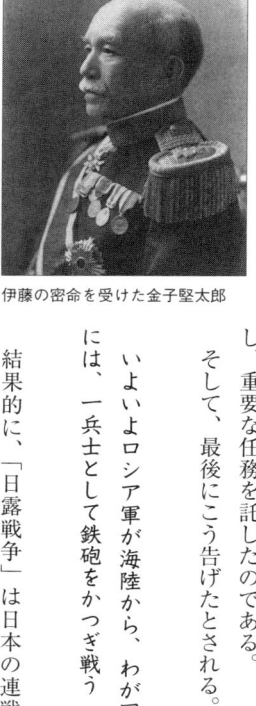

たが、戦争後期になっても戦力を温存していたロシアに対し、日本の継戦能力は限界を超えつつあった。

そんなときに、伊藤が仕込んでいた〝金子工作〟が実を結び、ルーズベルトの仲介によって「ポーツマス条約」が締結されることになる。もし、早期に戦争を終わらせることができなかったならば、「日露戦争」の勝利は危うかっただろう。伊藤については「恐露病」と揶揄されたことばかりがクローズアップされるが、国中が開戦にいきり立っているときに、終戦を見据えて指示を出し、外交上の勝利を呼び込んでいたことこそ、広く知られるべきではないだろうか。

●軍部の暴走をけん制していた

１９０９（明治42）年10月26日の午前9時30分、伊藤はロシアの要人に会うため、満州のハルビン駅のプラットフォームに降り立った。整列するロシア軍守備隊を閲兵したのち、日本人居留民団の挨拶を受けるために数歩引き返したときに銃声が数発、空に響いた。撃ったのは韓国の民族運動家、安重根である。弾丸は肺を貫通しており、伊藤は午前10時にその命を閉じた。享年69歳だった。

暗殺された原因のひとつは、伊藤が韓国統監として日韓併合を推し進めたと考えられていたことである。

ところが、実際に伊藤が志向したのは朝鮮半島を「文民統制」下におくことであった。軍の自主性を強化しようとする山県有朋を警戒した伊藤は、自分が軍をコントロールして文民による朝鮮統治の端緒をつけ、その暴走を止めようと考えていたのである。

伊藤博文の国葬の様子（『故伊藤公爵国葬写真帖』国会図書館所蔵）

もちろん、褒められた点ばかりではなく、女性スキャンダルが多かったのは事実である。60歳を過ぎてもなお衰えず、芸者の愛人を大磯の邸宅に連れ込んだ。

もっとも伊藤は豪邸を持つことも、美食に舌鼓を打つことにも関心はなく、ただ美しい女性を愛し、詩文を作ることで激務の息抜きとしていた。これほどの実績を残したリーダーを、女性問題のみで否定するのは適当ではないだろう。

日比谷公園で行われた伊藤の国葬には、大勢の国民が詰め掛けて、日露戦争後の凱旋をも上回る騒ぎとなった。千対もの生花や造花が墓地を埋め尽くし、伊藤の絵葉書は完売した。

生涯の友人である井上は涙で時折、言葉をつまらせながら、弔辞を述べた。

私が君と交友を持った五十年あまりの間は、まさに異体同心であり、生死艱難をともにしてきた。国歩艱難の秋から、今日の太平富貴に至るまで、始終変わることなく、金石の交わりをしてきた。自ら言おう。我らの交友の誼は古今に恥ずることはないと

強面組長の素顔とは
近藤勇

●龍馬も恐れた新撰組の「鬼神」

「京都に潜伏している長州藩士たちが、京の中川宮邸への放火を計画している」――。

1864（元治元）年、反幕府勢力を取り締まっていた「新撰組」は、薪炭商を営みながら志士達の支援をしていた枡屋喜右衛門《ますやきうえもん》こと、尊皇攘夷の志士の古高俊太郎を捕縛した。古高に過酷な拷問を加えると、放火計画を自白。

新撰組は近藤隊と土方隊の二手に分かれ、長州藩士の潜伏先を捜索した。

有力候補は2つあったが、実際に会合が開かれていた旅館・池田屋のほうに向かったのは、近藤勇局長の隊であった。このとき、間一髪で現場に居合わせなかった幸運から、長州藩の桂小五郎は〝逃げの小五郎〟の異名を頂戴することになる。

局長の近藤勇のほか、沖田総司、永倉新八、藤堂平助の計4人が池田屋に踏み込むと、驚いた亭主が急報しようと、階段を上る。その後を追って2階に行けば、長州藩士を始めとした尊皇攘夷派の志士が実に20人以上車座になっており、新撰組の姿を認めると、一斉に抜刀した。

数のうえでは劣勢だった新撰組だが、近藤らの活躍によって7名を討ち取り、4名を捕縛するという大戦果を上げることに成功。幕府からは500両の大金が与えられ、局長の近藤には三善長道《みよしながみち》の刀も贈られた。20人以上の志士たちの集まりに、わずか4人で突入したのだから、並の胆力ではない。

1ヶ月後に起きた「禁門の変」でも、新撰組は倒幕を目指す長州藩を撃退。勢いに乗った近藤は、正式に幕臣に取り立てられている。下級武士や浪人の集まりに過ぎなかった新撰組は、これらの事件を境に300人以上へと膨れ上がり、武名を轟かせることになった。

当時の新撰組は志士たちに、どれほど恐れられていたのか。

坂本龍馬の妻、お龍が晩年、こんな逸話を語っている。

ある夏の晩のこと。お龍が龍馬と散歩に出かけていると、道中で5、6人の新撰組と出くわしてしまう。暗闇のおかげで龍馬の正体は露見しなかったものの、挙動が不審だったのか、新撰組が2人に接触しようとした。

するとと、龍馬はなんと妻を残し、さっさと逃げてしまったのだという。

「あなた、私を置き去りにして。あんまり水臭いじゃありませんか」

妻の当然の抗議に、龍馬は慌ててこう取り繕ったという。

新撰組をまとめあげた近藤勇

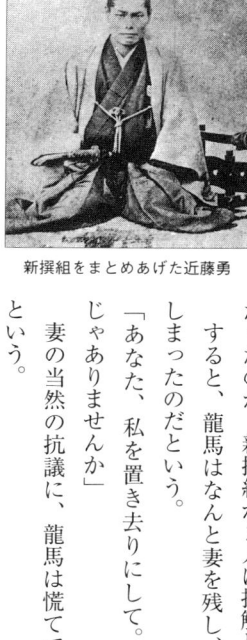

「いや、そういうわけじゃないが、奴らに引っかかると、どうせ刀を抜かないわけにはいかないから、それが面倒で隠れたのだ」

かなり苦しい言い訳だが、それほど新撰組の強さは広く知られており、とりわけ、局長の近藤は、剣の強さから〃鬼神〃と恐れられていた。写真を見ても無骨な剣豪という印象で、世間のイメージでは副長の土方歳三の方が切れ者だと思われているが、実際のところはどのような人物だったのだろうか？

●機転を利かせて泥棒を撃退

豊かな水が流れる野川公園と調布飛行場の間に位置している調布市野水に、近藤勇の生家跡がある。かつては上石原村と呼ばれたこの土地で、近藤勇は豪商・宮川久次郎の三男として生まれた。

幼名は宮川勝五郎。村の事務を取り扱う組頭も務めた父は教育熱心で、敷地内に道場を設置した。1839（天保10）年には「百姓同志相集り稽古いたすこと固く止め」というお触れが出されたのにもかかわらず、道場に剣豪・近藤周斎を迎えた。

このあたりに、勇の父親にふさわしい意志の強さを窺い知ることができる。

ただ、道場設営の裏には、切実な事情もあった。当時は天候不順で凶作続きだったため、浪人たちが村人たちに乱暴を働くようになったのである。道場設営は、息子を鍛えるのと同時に、自衛の目的もあったようだ。

1848（嘉永元）年、勇は15歳のときに長兄の音五郎、次兄の粂次郎とともに、剣術・棒術・柔術などの総合武術・天然理心流に入門。それからわずか7ヶ月後には目録を取得するなど、農民でありながら、武士以上に武士らしい青年に育った。

幼くしてリーダーシップを発揮していた近藤勇の生家跡

だが、勇はただ腕っぷしが強いだけの少年ではなかった。父・久次郎の留守中、泥棒たちが盗みに入ったときのこと。異変に気づいた三兄弟のうち、2人の兄はすぐに飛び出していこうとしたが、勇はそれを押し留め、あえて泥棒の仕事が終わるのを待った。

そして、盗みを終えた泥棒たちが立ち去ろうとした瞬間、勇は先頭を切って躍り出て、不届き者たちを斬りつけ、盗まれた荷物を取り返してしまった。

「盗みの最中は泥棒たちも緊張感を持っている。そんな殺気立っているときに、返り討ちにすればこちらもただではすまない」というのが勇の理屈であった。

これだけでも末恐ろしい頭の冴えだが、さらに勇は、兄たちが傷を負って逃げた泥棒たちを追おうとしたときも、やはりそれを制止して、次のように語ったといわれている。

「『窮鼠猫を噛む』のたとえのように、相手は大人で、必死にかかってきたらかなわない」

この泥棒撃退の逸話が評判となり、勇は天然理心流3代目の近藤周斎のもとへ養子として迎えられることになった。

緊急時の対応についていえば、冒頭で紹介した「池田屋事件」においても、勇は冴え渡っていた。旅館に踏み込みいったん2階まで上がったとき、沖田総司が敵をひとり斬ったところで、勇は「下へ！」と指示し、2階を沖田に任せて1階に戦闘の舞台を移している。

踏み込んだメンバーのひとりである永倉新八が『浪士文久報国記事』でそう記しているように、天井が低い2階に対し、1階には八間四方を照らしてくれる大型の吊り行灯があった。

「下ニハ八軒ノ灯リ有之」

その光のおかげで、敵の姿を判別して的確な攻撃を加えることができたのである。

さらに、突入する際にも、少ない人数から数人を割いて外に残しておくことで、屋外に逃げようとする敵を討ち取ることに成功している。無骨な外見と剣の強さから、頭脳派の印象が薄い勇だが、どんな場面でも冷静に状況を分析できる人物だった。

●道場破りは他人任せ

入門からたった7ヶ月で目録を取得した勇は1861（文久元）年、入門13年目の28歳のときに指南免許を得て、4代目を襲名した。

他の師範が平均40歳で指南免許を取得していることから考えても、かなりの剣の腕前だったといえるだろう。「近藤勇」を称することを許されたのは、このときからだ。本項もここから「近藤」と記述するとしよう。

しかし、剣の腕が評判になれば、「お手合わせを願いたい」という者も当然、出てくる。近藤が市谷に開設した試衛館という剣術道場には、道場破りが訪れることもしばしばあったという。

そんなとき、近藤は堂々と勝負を受けて次々に返り討ちにした……というエピソードを期待してしまうが、実際は相手を見極めながら、次のような書面を書いたという。

「『上』が1名、『中』が2名……」

上や中というのは道場破りの手強さを3段階に分けたもの。あて先は、練兵館の塾頭を務める渡辺昇だ。

渡辺は要望されたとおりに、熟練度に応じた門弟をすぐさま派遣。近藤のために、道場破りと勝負したのである。

そして勝負が終われば、近藤は冷酒とつまみを助っ人たちに振舞った。派遣される門弟のなかには、その酒を楽しみにしていた者さえいたという。近藤は渡辺にもお礼の酒を一升贈ることも忘れなかった。

それにしても、近藤はなぜ道場破りに対して、剣豪らしからぬ「緊急人材派遣システム」を敷いたのだろうか。「真剣を持たせると敵なし」とも称された近藤ならば、道場破りの相手など、朝飯前のはずである。

しかし、実戦には滅法強かった近藤だが、実のところ、竹刀技はかなり苦手で、いつも道場破りや他流試合には苦戦させられていた。渡辺に助けを求めていたのは、看板を守るための苦肉の策だったようだ。

●実戦に強かった天然理心流

道場破りに狙われたのは、若くして指南免許を得た近藤の実力を測りたいという理由もあっただろうし、天然理心流が「与し易し」とみなされる特徴を持っていたこともある。

というのも、天然理心流は、反りが少ない丸太のような木刀で打ち合うのが基本で、その不恰好さから「丸太ん棒剣法」と陰口を叩かれていた。天然理心流の稽古用木刀のなかには、握っても親指が他の指に触れないほど柄の部分が太いものもあったのだ。

それでも近藤が開いた試衛館が、よく多摩の住人たちから出稽古に来てくれるように頼まれていたのは、天然理心流の実用性が高かったからである。

太い丸太のような木刀はいかにも振りにくそうだが、その扱いづらさにこそ、実戦での強さを磨く秘訣があった。天然理心流の木刀は重心が一般の木刀よりも手前にあり、それでいて真剣と同じ重量だったため、かなりの腕力を必要とした。

これで稽古を積んでいれば、真剣を振ったときに軽く感じるというわけだ。勇が実戦で滅法強かったことを考えると、見た目の不恰好さとは裏腹に、かなり理にかなった剣術だったといえるだろう。

だからこそ、天然理心流は、自分の身を守りたいという切実な思いを持った多摩地域の農民たちにとって、ぜひとも学びたいものだった。開国によって多摩地域は生糸の生産によって利益を上げ、豊かになったのはよかったが、その分、荒くれ者のターゲットになる機会も増えた。

目的意識の高い農民たちに、近藤は出稽古を行って実用性の高い天然理心流を叩き込んだ。そしてそれは近藤が浪士組（後の新撰組）に参加するため上洛するまで続くのである。

●下戸で甘党だった

強面な風貌と新撰組局長という肩書きから、近藤は厳格な人物としてイメージされがちである。その象徴のひとつが、新撰組のメンバーが、鉄の規律として絶対遵守を徹底された「局中法度」だろう。

それは次の5箇条である。

一、士道に背きまじきこと。
一、局を脱するを許さず
一、かってに金策いたすべからず
一、かってに訴訟を取り扱うべからず
一、私の闘争を許さず

この5箇条のいずれに違反しても切腹を命ぜられたというから、厳しい規則である。
もっとも、局中法度についての正式な史料は残っておらず、新聞記者で作家の子母澤寛が小説『新撰組始末記』で創作したという説もある。

ただし、新撰組幹部の生き残りである永倉新八が回想録で「禁令（前述したものから

5箇条目を削除したもの）」があったとしていることや、『新撰組始末記』には史料としての側面もあるため、あながち否定することはできない。新撰組に、内部抗争によって切腹した者が多いことは事実だから、同じような規則はあったと考えるのが自然だろう。

また、新撰組には入隊資格に年齢や身分による制限が一切なかった。数百人もの荒くれ者を従えるにあたり、厳しい規則で統率して、武士以上に武士らしい振る舞いを求めるのは、至極自然な流れだ。

しかし、近藤がただ厳しいだけのリーダーではなかったことは、新撰組を結成する前からの彼の言動を見ればよくわかる。道場の経営がどれだけ苦しくても、近藤は多くの食客を抱えて食事を振る舞ったため、周囲からはよく諌められていた。

新撰組小説の大家・子母澤寛

「生活が苦しいのに、大勢の食客を養うことはよしたほうがよいでしょう」

しかし、近藤は我が身を省みずに次のように言ったといわれている。

「ご好意は大変ありがたいのですが、私は生活に窮迫している人をみると、放っておくのに忍びがたく面倒をみてしまうのです」

そして自分はというと振る舞うばかりで、酒は飲めない、いわゆる下戸だった。それでいて大福が好物という甘党であり、江戸に住む友人に宛てた手紙でも「(京都は) 菓子がうまいから助かる」と女子高生のような感想を送っている。

酒が飲めないために、料理は出されたものから片っ端から食べるのが、近藤の常だった。また、近藤は「自分の拳骨を口に入れてみせる」という特技をよく酒席で披露していたという。宴会芸をするような愛嬌は外見からは想像できないが、それも酒が飲めずに間が持たなかったせいかもしれない。

●ブサイクな妻を選んだ真相

近藤の人間味あふれる一面を表すエピソードとして有名なのが、妻選びに関するものだろう。武名を上げた近藤のもとには、いくつかのお見合い話が舞い込んできたが、いずれも拒否。27歳のときに、ようやく結婚を決意した相手が松井つねという、お世辞にも美人とは言いがたい女性だった。

つねが清水徳川家家臣・松井八十五郎の長女だったことから、農家生まれの近藤が武家生まれの女性を欲したという説もあるが、ならば他にも該当者が見つかりそうなものだ。

紹介した人も不審に思い「これまでの女性のほうが美人だったのになぜですか」と問

うと、近藤は「美人ではないが非常に慎しく、誠実な人」と、つねのことを評し、さらにこう続けたという。

「我家は剣術を教えているため、若い男子の出入りが多く、容色がよく、驕飾のある者はよろしくない。私の養父に仕え、青年に接して、失敗の憂事のない人がよい。それでこの女性を私の妻として選んだのです」

道場に美人が現れることで風紀が乱れるのではないか――豪快な剣豪らしからぬ、細やかな発想だが、確かにひとつの真理だろう。

つねは近藤の期待通り、養父によく仕えながら子どもを育て上げた。よき妻であり、母であったから、女性を見る目に狂いはなかったことになる。

もっとも、こうした逸話から、近藤が愛妻家だったと解釈するのは早合点で、正妻を江戸に残して赴いた京の地では、深雪太夫（お幸）をはじめ多くの美女を囲い、子どもまで生ませている。

●最後まで新撰組を守った

江戸では真面目だった近藤が、京では羽振りがよくなって多くの愛人を抱えるようになるほど、新撰組は華々しい活躍をした。

だが、動乱の幕末期において、そんな時期が長く続くはずもない。最後の将軍・徳川慶喜が大政奉還を行い、朝廷に政権を返上すると、新撰組を含む旧幕府側の旗色はみるみるうちに悪くなっていく。

そして、こうした逆境にあってこそ、人間はその真価が問われるものである。

１８６８（慶応４）年３月、「鳥羽伏見の戦い」で旧幕府軍が新政府軍に敗れて２ヶ月が経ったときのこと。「大久保大和」なる人物が、50人ほどの人数で、東京の綾瀬にある名主見習い・金子健十郎の屋敷を訪れた。

金子は五兵衛新田（東京都綾瀬）に広大な土地を持っていたため、来客たちを受け入れることができたが、その人数は日に日に増えていく。２１７人まで増えると、さすがに一軒の家では収容し切れずに、近くの寺や農家にも分宿してもらうことになった。

その人数もさることながら、なにより金子を戸惑わせたのが、この大久保とは全く面識もなく、来訪も突然だったことだ。この、あまりに厚かましすぎる大久保なる人物の正体が、ほかでもない近藤であった。

「鳥羽伏見の戦い」で旧幕府軍が敗れると、新政府による東征軍が江戸に進軍。新撰組は「甲陽鎮撫隊」に再編成されて甲府城へ向かうも、「甲州勝沼の戦い」で敗北してしまう。

創立以来の同志だった永倉新八や原田佐之助などとも決別し、新撰組は分裂。近藤と土方歳三が再起を図るために選んだのが、この金子家であった。

金子家を訪れてから18日後、実戦に向けた訓練へとステップを移すため、近藤たちは下総（千葉県）の流山に移転。味噌屋の長岡屋に本陣を置くが、わずか2日後に新政府軍によって包囲されてしまう。

「我々は官軍の分隊であって、折をみて加勢するつもりで、敵対するつもりなど全くない」

板橋総督府への出頭を命じられた近藤だったが、まだ正体を知られていないため、とりあえずそう言うと、出頭の猶予を願い出た。そして、2階に待つ隊士たちのもとへ向かい、切腹することを告げた。

●近藤勇、最後の戦い

農家に生まれながらも、近藤は武士として生きた。新撰組が時代の徒花として散ろうとしている今、潔く武士として死を選びたいと望む気持ちは、隊士たちも痛いほどわかったに違いない。

それでも副局長の土方歳三は近藤の切腹を制止した。別の手があったわけではないが、苦楽を共にした局長をむざむざと敵の手に引き渡すような真似はしたくなかったのだろう。土方とやりとりをしているうちに、近藤にはある思いが生まれた。

「出頭すれば隊士たちを逃がす時間が稼げる」

結局、近藤は切腹せずに、板橋総督府へ出頭。あっという間に身分を明らかにされてしまった。さんざん、新撰組に煮え湯を飲まされてきた新政府軍の志士たちが近藤にくだす処断は決まっていた。

近藤は、切腹すらさせてもらえず板橋にて斬首された。享年35歳だった。

一方で、その隙に隊士たちは流山を脱出。２２７人のうち半数は離反したものの、残りの半数は会津に入った。そこに負傷者たちも合流し、１３０人の「会津新撰組」を結成することができたのである。

近藤の首は無残にも、三条河原町に晒されてしまった。切腹していれば、武士の名誉だけは守られたであろう。しかし、近藤はそれと引き換えに、一度は新撰組を復活させたのである。一説には、「これほどの人物だから」と官軍への協力を求められたが、それを断って処刑を選んだという。

意外に怜悧な策略家だった近藤は、最後の最後まで先を読み、また剣豪としての生き方よりも、組織のリーダーとして自らの役目を全うしたのである。

風流にして柔軟な鬼
土方歳三

●冷酷な「新撰組の頭脳」

新撰組の局長は近藤勇だが、組織の統制、運営を取り仕切っていたのが、副局長にして〝新撰組の頭脳〟であった土方歳三である。

近藤の項で書いたが、新撰組には厳守すべき規律があり、破った者は容赦なく処刑された。たとえ幹部でも例外はなく、局長に次ぐ総長のポジションにいた山南敬助の場合は、1865（慶応元）年に脱走すると、沖田総司に捕らえられ、連れ戻されて壬生の屯所で切腹させられている。

結成から「鳥羽伏見の戦い」の直前までの5年間で、新撰組の隊士は45人が死亡しているが、その大半が仲間内での斬り合いや切腹によるものだ。戦死者はたったの6人であり、熾烈な内ゲバで戦力を消耗していたことになる。

これほど規律を厳守させ、率先して処罰を進めた土方はこうも呼ばれた。

〝鬼の副長〟――。

だが、実際の土方が、鬼のように冷酷で、厳格なだけの男だったかというと、言動を調べる限り、どうもそうではないらしい。また、最近になって、副長としての苦悩を綴った手紙が新たに発見されている。

冷酷で厳しいだけではなかった、鬼の一側面を明らかにしていこう。

●奉公から2度逃げ帰った

局長の近藤勇は豪商の家に生まれたものの、三男だったため、近藤周斎のもとへ養子に入った。そんな近藤を慕った天才剣士の沖田総司も、口減らしで道場へ厄介払いされた身だ。つまり新撰組は、世間に居場所のない者たちの、いわば吹き溜まりであった。身なりが貧しかったため、新撰組の前身「壬生浪士」は「みぼろ」と京都で揶揄されていたほどである。

1835（天保6）年に武州多摩郡石田村、現在でいう東京都日野市石田に生まれた土方歳三もまた、居場所を求めて転々とした。生家は豪農で、農民でありながら武士に憧れた点は、近藤と共通している。

「鬼の副長」と呼ばれた土方歳三

10人兄弟の末っ子、六男として生まれるという土方の境遇も、近藤と通じるところがあった。長男以外は自分で道を切り拓かなければならない、そんな時代だった。

2人が邂逅するのは、近藤が17歳、土方が16歳のとき。土方は天然理心流の近藤周斎の門下生として修行しながらも、正式に入門しておらず、薬を売り歩いて生計を立てていた。

その薬とは、牛革草を原料とした飲み薬で、捻挫・筋肉痛・関節痛に効用があるとされていた。いかにも道場でよく売れそうな薬である。

諸説あるが、土方は天然理心流の道場で修行するまでに、2回の奉公を経験している。

1回目は11歳ごろのときで、松坂屋呉服店で奉公をしていた。しかし、番頭に頭を殴られたことに腹を立てた土方は、そのまま家に帰ってしまう。実に9里、つまり約36キロもの道のりを歩いて帰ったというから、よほど嫌気が差したようだ。

2回目は17歳のときで、大伝馬町の呉服屋で奉公したが、やはりここも長続きしなかった。今度は恋愛問題である。年上の娘と関係を結んだことで、トラブルになってしまった。幕末を生きた証言者によるルポタージュ『戊辰物語』には、土方について、次のような記述が残されている。

「色の白い小さな男で、なかなかおしゃれであったが、いつの間にか食事係りの方の女中と関係を結んで追い出された」

天然理心流の門下生となったのは、そのあとのことだ。

奉公生活を二度も投げ出した土方が転がり込んだ先は、日野宿組合の名主、佐藤彦五郎宅である。土方の姉、ノブが14歳のときに彦五郎のもとへ嫁いでいたためだ。彦五郎も近藤周斎の道場に入門しており、自身も自宅の一部に道場をつくった。土方、沖田、井上源三郎らは、剣の修行で彦五郎の道場に通っている。

彦五郎は、土方から奉公先での女性トラブルを相談されると、呆れてこう言ったという。

「そんな氏素性も判らぬ女を……」

鬼といわれた男にも、未熟な青年時代があったのだ。

●風流で歌心があった

16歳のときから天然理心流の道場に出入りしていた土方は、25歳のときに正式に入門を果たしている。

このときには、近藤勇だけではなく、若き天才剣士の沖田総司、後に同じ新撰組の副長としてしのぎを削ることになる山南敬助、「池田屋事件」にて近藤や沖田とともに最初に現場に踏み込んだ永倉新八、藤堂平助など、後に新撰組の中心になるメンバーが揃いつつある。

土方に転機が訪れたのは、1863（文久3）年のこと。

上洛を予定している第14代将軍・徳川家茂の警護を目的に、清河八郎《きよかわはちろう》の発案によって「浪士組」の募集が始まったのだ。

前年12月の段階ですでに情報を入手していた近藤や永倉は参加の決議を行っていたが、土方がそのことに初めて触れるのは、1月10日ごろ。同門の小島鹿之助宛の手紙で「文武両道に優れていれば150石から200石、どちらか一方に優れている場合でも50石が与えられる」と書いており、条件面に強い関心を持っていたことがわかる。

浪士組の参加者は200人以上に上った。近藤など試衛館道場の若手も多く含まれており、土方もそのひとりだった。

浪士組への参加を決意したころ、土方は次のような俳句を残している。

「裏表なきは君子の扇かな」
「しれハ迷ひしなけれハ迷はぬ恋の道」
「大切な雪ハ解けり松の庭」

その数は計41句にも上り、『豊玉発句集』として編まれている。

実は俳句は土方の親族共通の趣味だった。「三月亭石巴」と号した祖父や、「閑山亭石翠」と号した兄、さらに「春日庵盛車」の俳号を持つ義兄の佐藤彦五郎など、周囲の俳句を愛する人間に影響を受けたのだろう。

さらに、土方は俳句だけではなく、和歌を詠むこともあった。

浪士組の一員として、江戸小石川の伝通院を出立して、中山道から京都にわたるときも、土方は「木曽掛橋」と題した8首の和歌を詠んでいる。

「こまのたけはるる夕日にみる雪のひかりもさむくまかふしらくも」

「たちわたるあしたのくもも色深きかすみにこむる木曾のかけはし」

最初の和歌の「こまのたけ」、つまり「駒嶽」は木曽駒のこと、また、次の「かけはし」、つまり「掛橋」は木曽掛橋を指す。

ほかの6首をあわせて、すべて木曽の名所の情景を表現しているのだから、なかなかの歌心である。しかも、女性のような細やかな筆致だったことが史料で確認されている。

中山道の難所「木曽掛橋」。石垣の一部が保存されている

後に新撰組の副局長として、血で血を洗う日々を送るとは思えない風流な趣味を持っていたのだ。

●隊士の反発にびびっていた

浪士組から発展した新撰組の名を一躍、有名にしたのが「池田屋事件」である。しかし、二手に分かれて長州藩士の潜伏先を探すにあたって、近藤勇たちが池田屋という「当たり」を引いた一方で、土方が率いる隊は四国屋を襲って、空振りに終わってしまった。

大分遅れて池田屋に到着したときは、すでに近藤隊が突入した後だった。

だが、池田屋での会合を突き止めるにあたっては、土方は大きな役割を果たしている。尊皇攘夷派の志士が京都に潜伏していることを知った新撰組は、不審人物を次々と逮捕。さまざまな供述を取っているうちに、たどり着いたのが、武器商人の古高俊太郎である。

屯所にしていた前川邸の土蔵で、土方が古高の尋問を行うことになったが、相手も命がけで長州藩士を支援しているから、なかなか手ごわい。土方が気絶するほど殴りつけても、目をつぶって歯を食いしばる。これでは、長州藩士たちの計画を知ることはできない。

苛立った土方は、とんでもない暴挙に出る。古高の両手を後ろにまわして縛りあげると、そのまま天井の梁に逆さまにつるし上げた。

そして、全く抵抗できない古高の足の裏へ五寸釘を打ち込んだのである。さらに、火を点した蝋燭を掲げて、溶けた蝋が古高の足から脛へと張っていく様子をただ見つめていたというから、悪魔も驚く残虐ぶりである。

こんな拷問が1時間にわたって続き、さすがの古高も激痛と熱さによって音をあげた。

これほどの仕打ちの後に、果たして正確な供述ができるのかは怪しいものだが、新撰組は京に多数潜伏している長州藩士が、中川宮邸へ放火しようとしているという情報を得た。警戒を強めた新撰組が本格的に摘発に力を入れた結果、池田屋での大捕り物へとつながったのだ。

土方の厳しさは、もちろん新撰組内部でも発揮された。冒頭で挙げたとおり、規律に背く者は、山南敬助のような幹部でも容赦なく処刑している。近藤と土方の裁量ひとつで、次々と内部粛清が行われていったのである。

しかし、2014（平成26）年9月に、そんな土方のイメージにそぐわない史料が発見された。それは、1865年、和暦にして慶応元年6月25日に土方が京都市下京区の西本願寺に出した手紙である。

炎暑の時節、本当に我慢ができない状態です。病人も出て公用も務められず、隊士からさまざまな申し立てがあり、もう制止できません

新撰組は1864（元治元）年3月から1867（慶応3）年6月まで西本願寺に駐屯していたが、旧暦の6月は1年で最も気温が高くなる時期だ。過酷な猛暑に苦しめられ、北集会所で寝泊りしていた隊士約200人の不満は、最高潮に達していた。

新撰組が宿舎として使っていた西本願寺の太鼓楼

そこで、「なんとか隣の阿弥陀堂も貸してくれないか」と頼んだのが、この手紙である。土方ならば隊員の暑さへの不満など一喝しそうなものだが、実際は、隊士の暴動をかなり恐れていたようだ。

結局、要望は受け入れられなかった。

しかし、北集会所の風通しをよくするために壁を破る工事をしてくれることになったため、土方はすぐさま感謝の手紙を綴っている。

意外にも、新撰組隊士たちのご機嫌取りも忘れなかった土方であった。

●手紙で喜々としてモテ自慢

冒頭で紹介した写真の通り、誰が見ても土方は美青年であるが、いったいどれくらいモテたのであろうか。

新撰組は古高俊太郎の拷問を行った前川邸だけではなく、八木邸も屯所にしていた。八木家の子息である八木為三郎は、土方について次のように語った。

「土方は役者のような男だとよく父が云いました。真黒い髪でこれがふさふさとしていて、目がぱっちりして、引き締まった顔でした。むっつりしていて、あまり物を云いません。近藤とは一つ違いだとの事ですが、三つ四つは若く見えました」

それは単に近藤が老けていたからではないだろう。土方の写真を見ると、役者並みの美男子という表現も大げさではない。年少時に奉公先で女性トラブルを起こすだけはあるが、自身にもモテるという自覚はかなりあったようだ。

「禁門の変」が終わったあとの1863（文久3）年に、同門の小島鹿之助にこんな手紙を書いている。

「私の事を報国の有志として婦人の慕うことといったら、筆舌に尽くし難いほどで、京では島原の花君太夫・天神の一之・祇園では芸妓3名、北野では君菊と小楽・大坂新町では若鶴太夫のほか2～3人、北新地においてはたくさんいすぎて書けないほどだ」

ついには、こんな歌まで残している。

報国の心ころをわするる婦人哉

「あまりにモテ過ぎて尽忠報国の志なんか忘れてしまいそうだ」……。

むろん、冗談交じりで書いているのであろうが、新撰組で発揮した残忍さとはかけ離れた茶目っ気を見せている。手紙を受け取った小島は、露骨なモテ自慢に苦笑を禁じえなかったことだろう。

●銃隊指揮の基本を短期間で

滅びゆく幕府に与し、共に沈んでいった新撰組は、時代の潮流を読めなかった徒花として語られる。とりわけ副長として剣の道を突き進み、旧幕府軍の最後を看取った土方は時代に取り残された「ラストサムライ」と呼ばれることもある。

確かに、新撰組が活躍したのは抜刀しての白兵戦であり、1868（慶応4）年から始まった「鳥羽伏見の戦い」では、当初から新政府軍の近代兵器に苦しめられた。

新撰組が詰めていた伏見奉行所には破裂弾と銃弾を打ち込まれて、建物が炎上。負傷した近藤勇に代わって土方が指揮をとるが完敗に終わり、退却を余儀なくされている。この近藤の負傷もまた狙撃によるものであり、彼は肩の骨を打ち砕かれ、刀を持つことさえままならなくなった。

この頃、佐倉藩の依田学海《よだがっかい》が、江戸城内で会った近藤に「伏見の戦争はどうでしたか」と尋ねたところ、話すことすらも苦しい様子を見せ、かたわらの土方にこう言ったという。

「これは土方歳三です。これに聞いてください」

近藤もよほど悔しかったのだろう。だが、土方は屈託のない笑顔を見せながら、こう言い切った。

「どうも戦争というものは、もう槍なんかでは駄目です。鉄砲にはかないません」

「戊辰戦争」時の最新鋭の小銃・スナイドル銃

「鳥羽伏見の戦い」に続き、「甲州勝沼の戦い」にも敗れた新撰組は分裂し、近藤や土方らは流山へ駐留するも、官軍に包囲されてしまう。切腹しようとする近藤を説得して、投降させたのは土方だという説もある。
というのも、この時点では近藤の身元はバレておらず偽名「大久保大和」として出頭することができた。土方はその後に助命嘆願書による救出を考えていたが、薩摩藩兵に元新撰組の加納道之助がいたため、正体が露見し、そのまま処刑されることになる。
もはや風前の灯火となった新撰組だが、土方はわずかな隊員とともに、大鳥圭介が率いる脱走歩兵隊と合流。土方は二千数百人あまりの軍の参謀となって、日光を目

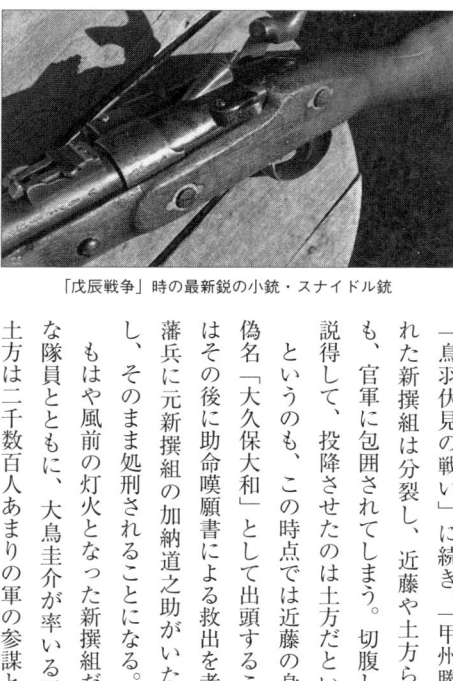

敗北し、残された最後の新天地・蝦夷に向かう旧幕府軍

指して進軍していく。

大鳥が率いる本隊とは別に、600人あまりの先鋒隊を率いた土方は宇都宮で、新政府軍と再び激突することになる。

そのときに土方は、先の敗戦で手痛い目に遭わされた、銃砲による作戦を実践に取り入れた。

いつの間に学んだのか、見事に銃隊を指揮した土方は、600人ばかりの兵力で宇都宮城を攻略してしまった。

人は勝利よりも敗北から学ぶことのほうが多いものだが、白兵戦にこだわらず短期間で近代戦術を取り入れた彼の器用さには驚かされる。

●最期は部下をねぎらった

俳句や和歌を愛する風流人であり、宿舎の衛生状況を気遣う優しさ、新しいものを取り入れる柔軟性も持っていた土方。

そんな土方が、自身最後に臨んだ戦いで見せたのは、〝鬼の副長〟としての厳しさではなく、部下をねぎらう姿だった。

土方の指揮によって一度は攻略した宇都宮城だったが、官軍に反撃されて奪回されてしまう。銃撃で右足を負傷した土方は、会津に移動して新撰組の本隊と合流。そして、江戸から脱走した榎本武揚ら旧幕府海軍と手を結ぶと、北海道へと主戦場を移した。

蝦夷の地を平定した榎本が独自に政権を樹立すると、総裁には榎本武揚、陸軍奉行には大鳥圭介、陸軍奉行並には土方歳三が選ばれる。この旧幕府軍には、ジュール・ブリュネなどフランス人仕官も参加していたため、訓練では洋式教練が行われた。

そして、運命の日はやってくる。

1869（明治2）年4月9日、新政府軍が蝦夷地に上陸。土方は「二股口の戦い」の指揮にあたり、官軍と激戦を繰り広げた。

「退く者があれば斬る！」

いかにも土方らしいにらみを利かせながら、結果的に16日にも及ぶ官軍の猛攻を凌ぐことに成功する。やはりここでも、銃撃にあたる小隊をたくみに交代させる、近代的な戦術を取り入れている。

戦いが続くなか、ある戦闘の小休憩のとき、土方は兵たちに酒を振る舞った。

そして、こんな言葉をかけたのである。

汝らは歩兵にしてよく防げり。官軍は士にして且つ衆、吾常に賞嘆す

歩兵にもかかわらず、よく防いでいるじゃないか。相手の官軍は武士で、しかも数も多い。私は常に驚き、感心しているんだ――。

そうねぎらいながら、土方はこれまでの熾烈な戦いを引き合いに出しつつ、叱咤激励した。

今日の戦い、汝らより見れば児童の戯れなり

官軍の猛攻を「児童の戯れ（子どもの遊び）」扱いし、幾たびの戦いをともに乗り越えてきた経験を想起させ、士気を高めている。「戊辰戦争」を戦うなかで、治安維持組織の副長に過ぎなかった土方は、近代戦の指揮官として成長していたのかもしれない。

この演説が行われた4月24日から、1ヶ月も経たない5月11日、箱館に総攻撃が行われると、土方は部下を救出しようとした際に腹部に狙撃弾を受けて戦死。35歳の若さで、この世を去った。

組一の使い手の虚像
沖田総司

●女性ファンの熱烈な支持

新撰組は、その悲劇的な運命からか小説や映画、ドラマなどのフィクションの題材になりやすく、近年はアニメやコミック、ゲームでも注目を集めている。

個性的な新撰組のメンバーのなかでも、とりわけ高い人気を誇るのが、沖田総司である。

総司は強者揃いの新撰組のなかでも、剣の腕は局長の近藤勇、副局長の土方歳三をも凌ぐと言われていた。それでいて、いつも冗談を言う明るい性格で、周囲から好かれていた。

また、近藤より10歳も年下という若さからか、映画やドラマで演じる役者も二枚目の俳優が充てられることが多く、アニメやコミックでも、これでもかとばかりに美少年として描かれている。美男子で剣の天才とくれば、人気が出ないわけがない。

総司の墓は東京都麻布の専称寺にあり、年1回だけ公開される「沖田総司忌」には、未だに多くの女性ファンが集まるという。だが、熱烈な支持者がいる人物ほど、実像とかけ離れた虚像がひとり歩きするものだ。もちろん、総司も例外ではない。

実際の沖田総司は、どんな人物だったのだろうか。

●口減らしで道場の内弟子に

選択肢の多い人生は一見、豊かなものに見えるが「後悔したくない」という思いが先に立ち、かえって動けなかったり、どこに進むべきか迷ったりするものだ。

その点、総司は迷わずに済んだ。彼の人生には選択肢がなかったからである。

総司の不遇は数えでたった2歳のときに、父、勝次郎が死亡したときから始まった。

奥州白河藩の江戸邸で足軽小頭を務めた父は、二十二俵二人扶持の禄をもらっていたが、父の死後、家督を継いだのは長男の総司ではなく、11歳年上の姉ミツの婿養子として迎えられていた林太郎である。しかし、藩の財政難によって、このときにはすでに白川藩の扶持から離れており、跡継ぎの林太郎も生計を立てるのには苦労したことだろう。

沖田総司と伝えられる肖像画

もっとも、総司の生い立ちについては、はっきりしない点も多く、父親についても勝次郎ではなく、林太郎（それも義兄の林太郎とはまた別の人物）ではないかという説もある。

父の死後に総司がどこでどう過ごしたのかも明らかではないし、名前も「宗次郎」「総次郎」「惣次郎」

などの表記があり、ばらばらである。

ただ、わかっているのは、総司は9歳のときに江戸市ヶ谷の高良屋敷へと連れて行かれて、近藤周斎の内弟子として剣術道場に入門しているということだ。

それは、困窮した沖田家の家計を少しでも楽にするための、いわゆる「口減らし」だった。

道場の名は試衛館。そこで総司は、のちに新撰組の局長となる近藤勇と出会うことになる。総司の入門時に近藤は17歳で、すでに天然理心流の目録を取得しており、近藤周斎の養子となっていた。そして、土方歳三は16歳である。のちの新撰組としての活躍を思えば、この3人が初めて一堂に会したこの瞬間は、幕末史のターニングポイントのひとつと言ってよいだろう。

入門時の総司の幼さについては、近藤の甥にあたる勇五郎が、新聞記者の子母澤寛に次のように語っている。

「総司は子どもの時から内弟子になっていますので、全く他人のような気がしませんでした」

総司の幼少期は自分を活かす道を考えるどころか、生きていくだけで精一杯であった。だが、その制限された環境こそが、かえって彼を剣の道へと邁進させることになったのである。

●農民に容赦ない指導で嫌われる

総司は19歳前後に免許皆伝を得て、1861（文久元）年に近藤が4代目を襲名すると、塾頭に選ばれた。新撰組の前身にあたる「浪士組」に応募するために上京したときも、近藤は総司を同行させている。

道場のことを考えれば、道場主である近藤が、塾頭である総司を連れて行ってしまうのが良い判断とはいえないが、それだけ近藤が総司の実力を買っていたということだ。新撰組が誕生したときも、総司は副長助勤筆頭に選ばれている。彼の人生は、まさに近藤によって切り拓かれていったといっても過言ではない。

もちろん剣においても近藤に強い影響を受けており、総司の型は近藤にそっくりで、細くて甲高い掛け声まで似ていたという。

異なる点としては、総司は近藤のように身体を反らせ悠然とした姿勢ではなく、太刀先を下げながら、身体を前のめりにしていた。そして3つの足拍子がひとつに聞こえるほどのすばやさを持っており、近藤よりも攻撃的なスタイルだったようだ。

総司の性格は明るかったようで、『新撰組始末記』では、次のような記述がある。

「朗らかでよく冗談を言い、周囲の者を笑わせていた」

新撰組の屯所での稽古についても、元隊士の稗田利八が「沖田氏は冗談ばかり言ってにぎやかな剣でした」と振り返っていることからも、緊張は感じられない。

だが、農民たちへの出稽古では、違った顔を見せていたようである。

試衛館の面々は、多摩地域の農民たちに出稽古をつけたが、指導者として人気があったのは近藤や土方歳三、山南敬助で、最も嫌がられたのが意外にも総司だった。

近藤や土方の稽古は丁寧で優しかったが、総司は指導法が荒っぽく、そのうえ、農民たちがヘマをすると癇癪を起こしたという。

しかし、農民が剣術を得意としないのは当たり前であり、できないからこそ、自衛のために実用性の高い天然理心流を学びたいと稽古を頼んでいるのである。感情的に指導するなどあってはならないことだが、剣の才能に恵まれた総司にとっては、そうでない者の気持ちがわからなかったのかもしれない。

関係者への取材などを取りまとめた『新撰組遺聞』で紹介されている、総司のこんな教え方にも、天才らしさが垣間見える。

「敵を刀で斬るな、からだで斬れ斬れ」

また、総司が目にも止まらぬ「三段突き」が得意だったのは有名だが、指導では農民相手にも容赦なく突きを浴びせて、農民たちの喉は腫れ上がった。それは、しばらく話すこともできなくなるほど激しいものだった。

まず体験させることが大切だとはいえ、いくらなんでもやりすぎである。

●「人を斬りまくった」という誤解

その剣の強さから、沖田総司にはやたらと人を斬ったイメージがある。

だが、それもまた後世に作られたイメージに過ぎない。史料から総司の関与がわかっている暗殺事件は限られているうえに、剣豪として誇れるようなものは意外に少ない。

まずは、1863（文久3）年7月、新撰組の前身となる「浪士組」が結成された直後のこと。尊皇攘夷派の浪士らが警戒の厳しい京都から大坂で活動し始めたため、芹沢《せりざわ》鴨《かも》や近藤勇など約20人が大坂に出張。大坂八軒屋の京屋忠兵衛方に宿をとった。

騒動は、一同が船で涼みに出たときに起きた。道を譲る譲らぬといったやりとりのなかで、地元の力士たちと乱闘騒ぎになってしまう。このときに総司は、力士に攻撃されながらも、大立ち回りを演じたようである。

永倉新八の『新撰組顛末期』には、次のように書かれている。

事件の現場になった大阪の蜆橋

「沖田は片鬢《かたびん》を打たれて血のにじむをことともせず、刀を風車のように振廻して敵を悩ませている」

この乱闘で力士側の５人が死亡、十数人が重軽傷を負った。しかし、西村兼文の『壬生浪士始末記』のように、死亡したのはたったひとりだとする説もあり、総司が斬ったのかどうかはわかっていない。しかも、勝利に終わったとはいえ、しょせんはくだらない諍いである。

だが、事件はこれで終わらなかった。

白昼堂々、路上で死亡者を出したとなれば、大坂町奉行所が黙っていない。奉行所が真相の調査に乗り出したのは当然のことだったが、その担当者である与力の内山彦次郎をも、浪士組は暗殺してしまうのである。

そのやり口も誉められたものではない。

大坂天満橋の路上で待ち伏せ、内山の駕籠がやってくると、土方歳三が刀を突き刺し、総司が駕籠から引きずり出して、近藤が太刀を浴びせたとされている。

殺された内山は当時65歳を超えた高齢者である。後味の良いものではないし、総司の剣術が冴えたとも言い難いだろう。

もうひとつ暗殺事件を挙げるとすれば、同年に起きた芹沢の粛清である。大酒飲みの豪傑だった芹沢は紛れもない実力者だったが、そのわがままで横暴な気質で京では恐れられていた。近藤一派が粛清するにあたって、初の一太刀を浴びせたのは、総司だったと言われている。

芹沢もまた神道無念流の使い手であったことを考えれば、さすが総司と言いたいところだが、このときは芹沢が泥酔して女と寝ているところを襲っているので、やはり剣士として胸が張れるものではない。

そう考えれば、総司の剣の腕が活かされたといえるのは、1864（元治元）年の池田屋事件くらいだろう。総司は近藤とともに、襲撃隊の一員として池田屋に踏み込み、尊皇攘夷派の志士を斬り捨てたことは、本書で何度も触れた。

他には、市中で金策を行った浅野薫、脱走した酒井兵庫や山南敬助を粛清したのは総司だったとされているが、いずれも元隊士を相手にした内ゲバである。

道場では誰もが一目を置いた総司だが、意外なことにその腕が実戦で活かされた機会は少なかったようだ。

総司の顔を〝ヒラメ〟と評した佐藤彦五郎

●美男子ではなかったがモテた

では、肝心の総司のルックスについては、どのような証言が残っているのだろうか。

「沖田総司は、二十歳になったばかり位で私のところにいた人の中では一番若いのですが、丈の高い肩の張り上がった色の黒い人でした」

これは、子母澤寛による新撰組三部作『新撰組遺聞』で「八木為三郎老人壬生ばなし」として紹介されている証言である。「色の黒い」という姿は、すでにイメージとは異なる気もするが、これだけでは美男子の肯定にも否定にもならない。

日野の郷士史家・谷春雄が、佐藤彦五郎の子孫にあたる昱から得た貴重な証言を『新選組隊士遺聞』で紹介している。佐藤彦五郎といえば、天然理心流3代目宗家・近藤周斎の門人も務めた新選組の後援者で、多摩地域の指導者である。昱は祖父から総司について、次のように聞かされたという。

「背が高くて、色は浅黒い方で、少し猫背のように背を丸めていたがよく笑う人だった。

ひら顔で目が細く、そうよな、ヒラメみたいな顔をしていたよ」

ここでも「黒い」というキーワードが登場したことから、総司が色白ではなかったと考えられるが、何より目を引くのが「ヒラメみたいな顔」という言葉だ。美男子にはまず使わない表現だが、谷はさらにこんな決定的な裏話まで披露している。

「この話は佐藤家に語り伝えられていたが、子母澤寛氏や司馬遼太郎氏が佐藤の家を訪れた時にもこれだけは語られず長い間秘されていたものだそうである」

子母澤と司馬という新撰組小説の両巨頭に「ヒラメみたいな顔」という情報が伝わっていたら、現在の沖田総司像はまるで違ったものになっていたかもしれない。

沖田総司の姉ミツ

ちなみに、冒頭で掲げた総司の肖像画は、姉のミツが孫の要を見て「総司にどこか似ている」と称したことから、昭和に入ってから要をモデルに描かれたものだ。

しかし、たとえ男前ではなかったとしても、女性から人気があったことは事実のようである。

試衛館時代のこと。道場では、掃除や洗濯をする娘がおり、いつしか内弟子の総司に思いを寄せるようになった。顔がヒラメだろうがタイだろうが、兄弟子をも圧倒する剣の腕前に魅かれるものがあったのだろう。

思いが募り、娘は総司に思いを打ち明けるが、その返答は芳しいものではなかった。「自分はまだ修行中の身だから」

娘はショックのあまりに短刀で喉を突き刺し自害を図るも、一命をとりとめた。この女性の名前も年齢も不明だが、わかっているのは、近藤勇の養女だったということである。

道場の風紀を乱さないため、わざわざ器量が良くない女性を妻に迎えた近藤としては、何ともいえない事件だったに違いない。もっとも一番気まずい思いをしたのは、誰よりも近藤の世話になっている総司だろう。

結局、その娘は近藤の世話で他家へ嫁いだようだが、総司はますます剣の道に邁進したに違いない。

●劇的に捏造された結核の発症

総司の〝天才美青年剣士〟としての生涯を一層際立たせるのが、27歳という若さで亡くなった点だろう。「天才ほど夭折する」と語られることもあり、総司にいたっては戦死ではなく、病死である点も、どこか天に選ばれたような宿命を感じずにはいられない。

死因は労咳、今で言う肺結核だと言われている。この病名についても諸説あるが、誤解されがちなのが、病の発症時期である。

ドラマをはじめとしたフィクションでは、１８６４（元治元）年の池田屋事件での死闘の最中に吐血し、その場に倒れる姿を描かれていることが多い。

しかし翌月の「禁門の変」に出動していることを考えると、池田屋事件で結核を発症したというのは、無理がある。さらに、１８６７（慶応３）年１月７日には、総司と永倉新八、斎藤一の３人が四条橋のあたりで土佐藩の片岡源馬、十津川郷士の中井庄五郎と斬り合いを演じている。隔離されなければいけない疾患を抱える病人にしては元気なのである。

東京都の今戸神社にある石碑。総司が亡くなった場所だと伝えられる（© Leoboudv）

新撰組研究家の菊地明は「沖田総司はどこで死んだか（『沖田総司読本』記載）」で、１９１３（大正２）年に新聞連載され、のちにまとめられた永倉の『新選組顛末記』と、１９２８（昭和３）年の『新撰組始末記』で表現が変化していると指

前列中央の老人が元新撰組の永倉新八。のちに総司をはじめ、新撰組に関する記録を残した。

摘している。

沖田が大奮闘のさいちゅうに持病の肺患が再発してうち倒れたので（『新選組顛末記』）

沖田が、戦の半に、持病の肺が悪くなってひどい喀血をした（『新撰組始末記』）

前者が、総司の池田屋での発病を描いた初めての記載であり、後者が「喀血」として表現した初めてのものである。この箇所については、『新撰組始末記』が明らかに『新選組顛末記』を下敷きにしていることを考えると、「うち倒れた」という事実が、「ひどい喀血をした」と、後になって解釈が加えられたと考えるのが自然ではないだろうか。

「肺病で倒れたということは喀血したのだろう」

そう筆者が考え、一歩進めた描写をした結果、総司はひどい喀血をしたにもかかわらず、その翌月には、斬り合いを演じるという不可思議な事実を作り出すことになってしまったようだ。

さらに、その場面を映像化にするにあたっては、原因もわからず昏倒するという不自然な描写より、「死闘の最中、鮮血を吹き出し倒れる天才剣士」という絵が求められ、誤解が定着していったのだろう。

では、実際に肺結核を発症したのはいつ頃だったのだろうか。

1867（慶応3）年12月には、近藤勇の妾宅で療養していたと言われている。翌年1月の「鳥羽伏見の戦い」には参加できず、大坂に後送されているので、かなり悪化していたのだろう。

発病が1867（慶応3）年であり、3年前の「池田屋事件」で「うち倒れた」のは、熱中症だったのではないかとも言われている。確かに京都で最も暑い季節に、胴に鎖帷子《くさりかたびら》をまとって激しい戦闘を行えば、熱中症に陥る可能性も高い。

しかし肺結核は初期はあまり自覚症状がなく、発症後も落ち着けば症状は治まる。池田屋事件で倒れたのが、肺結核の影響ではなかったと断言することもできない。

剣の道に生きるしかなかった総司は、たとえ重い病気を抱えていても、それを周囲に悟らせなかっただろうから、余計に発覚しにくい。

『新撰組始末記』には、次のような記述もある。

「病気といってもいつも元気で冗談ばかり言っている」

これまで見てきたように、「沖田総司」というキャラクターは誤解に満ちている。しかし彼の生涯が、いろいろなものを託したくなるほど過酷で、魅力に満ちていたことは、紛れもない事実だろう。

長寿のハッタリ男

勝海舟

●犬に噛まれて瀕死状態に

水を浴びながら、江戸の金毘羅へ裸参りをするひとりの男。

その名は、勝小吉。9歳の息子が犬に睾丸を噛まれ瀕死の重傷を負ったため、回復を必死に祈願していたのである。外科医の手術は成功したにもかかわらず、命の保証はできないと告げられてしまい、小吉は必死に息子の無事を祈る日々を送った。

祈願の甲斐があってか、小吉の息子は快方へと向かい、70日目には病床を離れることができた。もし、このとき回復しなければ、日本史が塗り替えられていたかもしれない。良い意味でも、悪い意味でも……。

その息子とは、幕末における幕府側のキーマン・勝海舟である。

勝海舟といえば、何といっても「戊辰戦争」において江戸城を無血開城に導いた人物として知られている。

明治維新によって、1192（建久3）年以来続いてきた武家政権に終止符が打たれたわけだが、無駄な血を流すことなく、これほど大きな政治改革が行われたのは、世界でも異例のことだ。新政府軍の西郷隆盛の説得に成功した海舟の功績を疑う声は、皆無といっていいだろう。

また、無血開城のあと、幕府海軍副総裁の榎本武揚が新政府軍へ軍艦を引き渡すことを拒んだときも、海舟が説得に乗り出して、いったんは矛を収めさせている。

このように、幕末期において新政府側と旧幕府側の間で和解に奔走した海舟は、次のようなイメージが強い。

「両陣営に深いパイプを持つ、度胸の据わった良識人」

しかし、この人物像が、彼自身が作り上げた〝誤解〟だったとしたら？

●剣の修行に打ち込んだ

勝海舟は１８２３（文政６）年、旗本・小吉のもとに生まれた。

幕臣きっての切れ者とされる勝海舟

しかし、正月晦日の１月30日に産声が上がったそのとき、父は座敷牢に閉じ込められていた。まずこの小吉について説明しておいたほうがよいだろう。

旗本小普請組勝家に７歳で養子に入った小吉は、学問嫌いで喧嘩好きの不良だった。15歳の頃には乞食同然の生活をしながら、３ヶ月以上も東海道を放浪するなど筋金入りの問題児。

結婚しても悪癖は改められず、21歳のときも江戸から離れて剣術の旅に出ている。甥の新太郎に説得されてやむなく帰郷した小吉を自宅で待っていたのが、三畳の座敷牢である。父によって、小吉は24歳までの3年にわたって座敷牢に入れられた。のちの勝海舟となる麟太郎が生まれたのは、まさにそのときであった。

その時点で父親としての自覚は皆無に等しいが、座敷牢から出たあとも、小吉は、子どもの手本になるような父親とは言い難かった。

24歳のときには、自分の父にこんな提案までしていた。

「隠居して3歳の息子に家督を譲りたい」

やる気のかけらもない父親である。

それに対して小吉の父、つまり海舟の祖父が「一度は御奉公でもして、世間の人口をふさぎ、養家へも孝養をもして、其上にてすきにしろ（『夢酔独言』）」とたしなめたので、小吉は番入りを目指すが、努力は長続きしなかった。小吉は生涯にわたって無役に終わっている。

そんな破天荒な父の腕っぷしの強さを受け継いだのか、海舟も10代の頃から剣の修行に打ち込んだ。

16歳で海舟が勝家の当主となった前後に、従兄弟で剣客の男谷信友《おたにのぶとも》から勧められて、島田虎之助のもとへ入門。海舟が晩年に語ったものをまとめた『氷川清話』によると、それはかなり過酷な修行だったようだ。

「寒中になると、島田の指図に従うて、毎日稽古がすむと、夕方から稽古着1枚で、王子権現に行って夜稽古をした。（中略）夜明けまで5、6回もやって、それから帰ってすぐに朝稽古をやり……」

海舟には武芸の達人というイメージはないが、かなり熱心に取り組んでいたようだ。

といっても、海舟は『海舟座談』『海舟余波』『氷川清話』などの回顧録を残しているが、やや誇張されている記述が多いので注意が必要である。19歳で直心影流剣術の免許皆伝を得ていることから、全くのでたらめではないだろうが、この剣の修行も、額面通りに受け取れば、睡眠すらろくにとっていないことになってしまう。

両国にある勝海舟生誕の地

●苦学生ぶりを必死に演出

19歳まで剣に励んだ海舟だったが、父の小吉とは違って勉強が苦ではなく、その後は蘭学の学習に目覚めることになる。

きっかけは万国地図を見たことだったといわれている。世界の広さに刺激を受けた海舟は23歳の秋から蘭学の学習を本格的に開始。翌年には、簡単な文章ならば書けるまでに成長する。

しかし、勉強を進めるうちに困ったのが、辞書がないこと。当時刊行されていたのは、『ヅーフハルマ』という蘭日辞書のみだったが、かなり高価な本だった。そこで海舟は『ヅーフハルマ』を人から借りて25歳の秋から1年足らずで、書き写してしまった。それも、2部もである。写本の「あとがき」では、海舟がその苦労を次のように綴った。

「この時貧骨に到り、夏夜蚊帳無く、冬の夜衾無し、唯、日夜机によって眠る。しかのみならず、大母病床にあり、諸妹幼弱、事を解せず。自ら椽《たるき》を破り柱を割って炊く。困難ここに到り、又感激を生じ、一歳中、二部の謄写成る」

夏には蚊帳もなく、また冬になれば布団もなく、机に眠りながら写本に打ち込んだというのである。さらに、母が病床に就き、妹もまだ幼くて事情を理解できないなか、海舟は自ら縁側板を破り柱を削って、ご飯を炊いていたとまで書いている。

苦学生とは、まさにこのことを言うのだろう。

しかし、史実と照らし合わせると、奇妙な点がいくつかある。

写本が完成したのは、1848（嘉永元）年8月2日のこと。海舟の妹である順は、このときすでに13歳である。4年後には佐久間象山のもとに嫁ぐことを考えても、事情を理解できないほど幼くはないだろう。

さらにいえば、海舟は2年前の24歳のときには結婚して、翌年には長女の夢子も生まれている。いくら母が大病に倒れたとしても、炊事なら妻にやってもらえば良いではないか。

最も違和感があるのが、ことさらに貧しい状況が強調されていることだ。

確かに、海舟は結婚したときは書生に過ぎず、生活は苦しいものだった。だがある日、海舟が本屋で熱心に立ち読みをしていると、書店の主人を通じて、箱館の豪商である渋田利右衛門と出会うことになる。

読書好きだった渋田は、海舟の家を訪ねて読書談義に花を咲かせた。そして、海舟の貧しい暮らしを見て、この勉強熱心な若者を援助することを思いついた。

「これで書物を買ってくれ」

渋田はそう言って、200両をポンと海舟に渡してしまったのである。

それだけではない。渋田が各地の豪商たちに手紙を出し海舟を紹介したため、彼は伊勢松坂の竹川竹斎《たけがわちくさい》や、その弟で味噌商の竹口信義、紀州で醤油業を営む浜口梧陵、灘の嘉納次郎作など強力な支援者たちを得ることになった。

この写本の時期には、すでに渋田と交流があったことがわかっている。よく考えれば、本当に極貧状態ならば、こんな風に写本に打ち込んでいる暇はないはずである。

ちなみに、戦前の教育には「修身」という道徳教育が盛り込まれていたが、1918（大正7）年から終戦までの間、「修身」の教科書では、海舟が写本でいかに苦闘したかが取り上げられている。

海舟の苦学生アピールは、時代をこえて功を奏したといえそうだ。

●お膳立てされていた「上書」

海舟の人生の転機は、1853（嘉永6）年の黒船の来航だった。

そのとき、海舟は蘭学塾を開いて3年目が経とうとしていたが、黒船をきっかけに門人が90人にも膨れ上がった。そればかりか、諸藩からは大砲の製造や洋式訓練を頼まれたり、老中・若年寄から意見を求められたりするなど、周囲の状況が変化し始めたのである。

そして、海舟の人生を決定的に変えたと言われているのが、幕府に提出した「海防意見書」だ。

これは、マシュー・ペリー提督の帰国後に、老中の阿部正弘《あべまさひろ》がアメリカ大統領からの親書を江戸在住の諸大名に公開したうえで、対応策を下役人や知識人、果ては町人から募った際に海舟が提出したもの。

総数800通ともいわれる建白書のなかでも、とりわけ目を引いたのが、海舟の「海防意見書」だった。

海舟はそのなかで、積極的な開国論を唱え広く人材を登用すべきだと訴えた。さらに、交易によって得た利益で軍艦を得ること、西洋式の兵制を採用し、兵を教練するための学校を江戸近郊に造ることなどを提案。それが阿部や海防掛で目付の大久保一翁らの目に留まり、海舟は幕府に登用されることになったのである。

だが、この海舟の人生を変えた「海防意見書」について、ある書物の影響があったのではないかといわれている。

それは海舟を援助した豪商のひとり、竹川竹斎が書いた『護国論』である。「貿易で国を富ませて国防に充てる」という発想は、まさに海舟が建白書で主張していたもの。竹川は『護国論』を黒船が来る2年前の1851（嘉永4）年に書き上げて、海舟にも献呈している。偶然にしては出来過ぎである。

さらに、海舟の「海防意見書」に一目を置いたと言われている大久保に関しても、古

数少ない幕府の良識派だった大久保一翁

川愛哲著『坂本龍馬を英雄にした男　大久保一翁』では、津田藩の家臣で蘭学者でもある津田《つだ》真道《まみち》を通じ、海舟と大久保はすでに出会っていたとして、次のように断じている。

「海舟の『海防意見書』は、津田と海舟の恩師である象山、海舟の後援者の一人である伊勢の豪商・竹川竹斎の考えをまとめたものである」

海舟は意見書をきっかけに出世したことについて「天下が無事ならば、オレなんて一狂人に過ぎなかったのに」と振り返っている。

だが実際は時代の追い風だけではなく、豪商たちの支えがあってはじめて、世に出ることができたのだ。

●「東大の生みの親」は言い過ぎ！

「東大は勝海舟がつくった」

著作『天皇と東大』でそう書いたのは、ジャーナリストで〝知の巨人〟こと立花隆である。一体、どういうことなのか。

海舟は、老中への意見書をきっかけに蘭書翻訳御用に抜擢されて「蕃書調所《ばんしょしらべしょ》」という洋学校の設立メンバーに選ばれた。

その蕃書調所が東京大学のルーツになっていることから、のちに「勝海舟が東京大学の基礎をつくった」という説につながるわけだが、日本史学者の樋口雄彦《たけひこ》は『勝海舟と江戸東京』で、「それは少しオーバーであろう」と否定的だ。

というのも、蕃書調所の設立委員は、筒井政憲《まさのり》・川路聖謨《としあきら》・水野忠徳《ただのり》・岩瀬忠震《ただなり》という気鋭の幕臣4名で、海舟は補助員に過ぎなかったからだ。

しかも、任命されて海舟がやったことは、大久保一翁らと海岸巡見の旅に出て、伊勢、大坂、兵庫、淡路島を視察したくらいのもので、「蕃書調所」の立ち上げにはそれほど貢献していなかった。

幕末の幕府で要職を歴任した岩瀬忠震

もっとも、海舟が役目を放棄したわけではなく、視察後に長崎でオランダ軍人からの海軍伝習を命じられ、江戸を離れなければならなくなってしまったのだ。長崎で、直接指導したオランダ人教官による海舟の評価はすこぶるよかった。

「艦長役の勝氏はオランダ語をよく解し、性質も至って穏やかで、明朗で親切でもあったから、皆、同氏に非常な信頼を寄せていた。その故、どのような難問題でも、彼が中に入ってくれれば、オランダ人も納得した」

その一方で、伝習を監督した木村芥舟《かいしゅう》は、そのときの海舟の態度を回顧録で、こう綴っている。

「終始不平で、癇癪を起こし、一同を困らせていた」

毀誉褒貶《きよほうへん》が激しいが、これは年少の上司である木村にやりにくさを感じていた海舟の不満もあったのではないか、と言われている。

●体調不良で任務はたせず

実績を積み重ねた海舟はついに海外デビューを果たすことになる。

1860（安政7）年、「日米修好通商条約」の批准使節として、外国奉行の新見正興《しんみまさおき》らが米艦ポーハタン号で渡米することになったが、護衛のために、日本の軍艦である咸臨丸も同行することが決まった。咸臨丸は、1月19日に浦賀港を出港して、サンフランシスコへ向かう。海舟は軍艦操練所教授方頭取として乗船し、乗組員の指揮にあたった。

ちなみにこのとき、木村芥舟も軍艦奉行として同乗している。

日本の軍艦が外洋に乗り出したのは、鎖国令が出されてから実に225年ぶりのことであり、歴史的快挙といって良かった。海舟もそのときのことを『氷川清話』で、誇らしげに振り返っている。

「万延年間に、おれが咸臨丸に乗って、外国人の手を少しも借りないで、アメリカへ行ったのは、日本の軍艦が、外国へ航海した初めだ」

ところが、これまた海舟の大嘘であり、実際にはアメリカ人士官のジョン・ブルック大尉とその部下も乗船していた。それどころか、このブルック大尉のおかげで咸臨丸の渡米は成功したといっても過言ではない。激しい暴風雨と北太平洋の荒波のせいで、なんと海舟は体調不良に陥ってしまったのだ。

『航米日誌』では、悲惨な自身の状況をこう記した。

「私は、10日前から風邪で腹痛があったが、出航準備に忙殺されて養生する暇がなかった。ブルック大尉は、私の様子を見て、『自分がここにいるから、構わず少し休め』と親切に言ってくれたので、中に入って横になったが、忽ち悪寒がして発熱甚しく、胸がつまって身体が自由に動かず、嘔きそうで嘔けないという容態であった」

さすがの海舟も、ここではきちんとブルック大尉の存在について触れている。

結局、海舟はこのまま何日も船室にこもって、ほとんど任務を果たせなかった。ほか

「船酔い艦長」勝海舟を乗せてアメリカに運んだ咸臨丸

の日本人たちも船酔いに倒れたらしく、ブルック大尉は次のように記録している。

「非常に荒い海で、しばしば波がうちこむ。日本人は全員船酔いだ」

　このときの海舟は船酔いではなく、伝染病だったのではないかとも言われているが、いずれにせよ、日本の多くの船員が使いものにならないため、アメリカ人船員が操縦にあたることになった。

　そして、37日間の難航のすえ、2月26日にサンフランシスコに到着。その頃には海舟も体調を回復しており、『氷川清話』ではこう記している。

「サンフランシスコ港へ着くと『日本人が独りで軍艦に乗ってきたのは、これが初めてだ』といって、アメリカの貴紳たちも大層誉めて、船底の掃除やペンキの塗りかえなどもしっかり世話してくれた」

　すっかりアメリカ人船員の世話になっておきながら、「日本人だけで来て誉められた」

とは、厚顔無恥というか、図太いというか……。

ちなみに、咸臨丸には福沢諭吉も同乗していたが、こちらは船酔いにはならなかったという。

●用心棒つきだった「無血開城」

ことほどさように、海舟の人物像は回顧録での過剰な〝自己アピール〟によって形成されてきたことがおわかりいただけたと思うが、最後に触れなければならないのが、冒頭でも述べた江戸無血開城についてである。

確かに、日本の首都を温存し多くの人命を救ったという点において、無血開城の意義は大きなものである。だが、それは言われているような西郷隆盛と海舟の一対一の果たし合いで決まったものではない。

この会見を実現させるために、裏で東奔西走した男がいたのである。

江戸生まれの幕臣にして剣豪の、山岡鉄舟《てっしゅう》である。

1868（慶応4）年、幕府軍が「鳥羽伏見の戦い」で新政府軍に敗れると、山岡は上野の寛永寺に謹慎中の最後の将軍・徳川慶喜に呼ばれ、対面を果たす。そこで鉄舟は、慶喜がもはや朝廷の命令に逆らうつもりはなく、恭順の意を持っていることを知る。

江戸無血開城のため奔走した山岡鉄舟

すると山岡は、それをなんとか新政府に伝えようと、海舟に自ら名乗り出て、西郷の説得に乗り出した。たったひとりのお供を連れて駿府へと赴き、西郷隆盛と対峙。彼は慶喜の意思を命がけで伝えた。

山岡が1882（明治15）年に記した「慶應戊辰三月駿府大総督府ニ於テ西郷隆盛氏ト談判筆記」によると、彼は西郷にこう投げかけた。

「先生においては、戦いをどこまでも望まれ、人を殺すことだけに力を注ごうとされるのか。それでは天子の軍隊とは言いがたい。天子は民の父母です。理非を明らかにすることが、天子の軍隊のすべきことです」

さらに、朝命である「慶喜の引渡し」についても異議を唱え、西郷に「もしあなたの主人である島津公に同じような処置の命令が下ったらどうするのか」と持ちかけて、こう畳み掛けた。

「先生はその命令を謹んでお受けになり、さっさと主君を差し出して安閑としていることでとを、君臣の情、先生の義というものからどうお考えでしょうか」

これには西郷もしばしば黙り込んだ。やがて考えを変えて、こう約束したという。

「徳川慶喜殿のことは、この吉之助が確かに引き受け、取り計らおう。先生のご心痛に及びません」

山岡の手記だという点を差し引いても、海舟と西郷の会見の前に、彼が命がけで根回しをしていたことは間違いないだろう。

そして、西郷と海舟の会談にも山岡は同席している。剣の達人が傍らに控えて、海舟が救われたであろうことは想像に難くない。

これだけ重要な役割を果たしながらも、江戸無血開城はあたかも海舟と西郷の２人で実現させたかのような誤解がまかり通っている。海舟は意図せずして、またしても美味しいところを持っていってしまったのである。

晩年の勝海舟

維新後の海舟は、旧幕臣の代表格として外務大丞、兵部大丞、参議、海軍卿などの要職を歴任し伯爵にまで叙せられた。江戸幕府に幕を下ろしておきながら、さっさと新政府に出仕した海舟の姿は、咸臨丸に同乗していた木村芥舟や福沢諭吉から大いにひんしゅくを買った。

しかし海舟は意に介さず、1899（明治32）年に77歳の生涯を終えるまで、せっせと『亡友帖』『断腸之記』『吹塵録《すいじんろく》』『吹塵余禄』『外交余勢』『流芳遺墨』『追賛一話』『開国起原』『幕府始末』などの著書を発表し続けた。この頃には、海舟以外に幕末期のキーマンは世を去っており、いわば言いたい放題であった。

海舟が幕末を代表する幕臣であることは間違いないが、その業績と同じくらい、彼を支えた者たちの尽力は語り継がれるべきではないだろうか。

残酷な知略家
西郷隆盛

●薩摩の英雄が持つ意外な素顔

短髪にげじげじ眉毛、小太りで犬を連れ「おいどんは……」。

体格から語り口まで、ここまでイメージが定着している人物は珍しい。

もちろん、薩摩藩の西郷隆盛のことである。

東京・上野にある銅像の影響も大きいだろうが、西郷がこれほど広く、かつ強く日本人の心に残っているのは、理想的なリーダーとして次のように語り継がれてきたからだ。

「誠実にして清廉潔白、不器用だが途方もなく器量が大きな理想家」

理想を貫き、2度も島流しにされたことや、士族の不満を一身に背負って立ち上がり、維新の英雄でありながら「西南戦争」で散ったあたりが「判官びいき」な日本人の琴線に触れるのだろう。

極めつけがこの名言だ。

「命もいらず、名もいらず、官位も金もいらぬ人は、始末に困るものなり。この始末に困る人ならでは、艱難《かんなん》を共にして国家の大業は成し得られぬなり」

命も名誉も必要ない人間は始末が悪いが、そういう始末に困る人でなければ、困難や悲しみをともにしながら、国の大きな仕事をすることはできないだろう――。

確かに西郷自身も、俗っぽい政治家とは一線を画していた。

しかし、語られているような聖人君子だったかというと、疑問が残る。日本人として刷り込まれた先入観にとらわれることなく史実を見ていくと、西郷の意外な一面が浮き上がってくる。

●名前も肖像画も別人

まず、実際の彼の風貌は伝わっているものとまったく違う。

約179センチ（5尺9寸）、約109キロ（29貫）と巨体という点では間違いないのだが、肝心の顔は実は別人をモデルにしていたという。というのも、西郷は写真が大嫌いで、確実に彼だと言えるものは1枚も残っていない。

器が大きいとされてきた西郷隆盛

明治天皇が西郷の写真を手元に残すため、まずは自分の若いときの写真を送って、西郷にも自分の写真を撮影するように伝えたが、応じなかった。明治天皇はしばらくして再度、自分の写真を送り西郷に催促しているが、頑としてカメラの前に立つことはなかったという。

　西郷が「自分の命を捨てても良い」と考えていた明治天皇から頼まれても、写真については断固拒否したくらいだから、友人たちが相手となると、もっと遠慮がない。

　岩倉遣欧使節団として欧米に視察していた大久保利通から、洋装姿で撮影した自身の写真が送られてくると、西郷はこんな返事を書いている。

こちらは似ているという軍服姿の肖像画

「尚々貴兄の写真参り候処、如何にも醜態を極めた候間。もはや写真取りは御取り止め下さるべく候。誠に気の毒千万に御座候（明治5年2月15日付）」

　いかにも醜態を極めている。もはや写真を撮るのは止めてくださらんか。はなはだ気の毒である――。写真を送っただけなのに、この言い様である。よほど嫌いだったのだろう。

　冒頭で掲げた肖像画が有名だが、これは作者であるイタリア人のエドアルド・キヨッソーネが「西郷とよく似ている」と言われた弟の従道《つぐみち》の鼻から上と、従兄弟である大山巖《いわお》の口から下をモンタージュし、さらに、生前の西郷を知る人からの意見を聞いて修正したものだ。

努力は認めるが、正確な肖像画とは言い難い。

また、なんと「西郷隆盛」という名前自体も誤って伝わったものだ。これは西郷の父の名前であり、現在我々が「西郷隆盛」と呼んでいる人物の本名は「西郷隆永《たかなが》」である。

なぜ、そんなことが起きたのか？

当時の武士は多くの呼び名を持っており、西郷も例外ではなかったが、新政府として辞令を出すにあたり、通り名の吉之助ではなく、正式な名前を使う必要があった。

つまり「西郷隆永」で出すべきところなのだが、友人との行き違いから、間違えて父の名前で届けられたのが、そのまま新政府の正式な辞令に採用されてしまった。すでに明治天皇の名前で出されてしまったこともあり、訂正はせずに、そのまま「西郷隆盛」が正式な名前となった。

しかし西郷の外見や名前についての誤解など、人間性のそれに比べれば可愛いものである。聖人のように扱われている西郷が幕末に何をしてきたのか、見てみよう。

●感情がコントロールできなかった

「敬天愛人」――天を敬い、人を愛する。

鹿児島県にある西郷隆盛生誕の地

西郷が好んでよく使った言葉として知られているが、少年時代の西郷はまったくその境地に至っていなかった。1827（文政10）年、薩摩藩の下級藩士・西郷吉兵衛（諱を隆盛）とマサの長男として西郷は生まれた。

藩の財政が苦しかったため、西郷家も貧しく、弟や妹とともに、西郷自身も傘の骨を作る内職に励んだ。食事もままならなかったが、母は身体が弱かった西郷に鰹節の煮汁をよく飲ませたという。

陽明学を学ぶために、大久保家に出入りするようになり、そこで自分より3つ年下の大久保利通と出会う。貧しい家に生まれた2人が、幕府を倒して近代日本を誕生させるなど、当時は誰も想像しなかったに違いない。

それどころか、西郷は近所から厄介な子どもだと恐れられていた。

なにしろ、怒ると、烈火の如くキレまくる。刀の鞘を鳴らして「いつでも斬ってやるぞ」と威嚇するのが常だったというから、「温和な西郷さん」像とは随分違う。

ケンカを吹っかけられれば、公衆の面前で相手を投げ飛ばしてしまい、そのことから恨みを買って、のちに襲われて刀傷を負うこともあった。

そんな暴れ者が「このままではいけない」と考えたのは、下加治屋町郷中の「二才《にせ》頭《がしら》」を務めることになり、同世代のリーダーとして仲間を束ねなければならなくなったからだ。

西郷は、円了無参《えんりょうむざん》という禅僧の門を叩き、精神を落ち着けるべく禅を学んだ。そうまでしなくてはならないほど、若き日の西郷は暴れ馬だったのだ。

●宿敵の暗殺に歓喜して祝杯

1854（嘉永7）年、貧しい下級藩士に過ぎなかった西郷は、薩摩藩の第11代藩主、島津斉彬の中小姓《ちゅうごしょう》として江戸に上ることになった。お家騒動「お由羅《ゆら》騒動」を経て3年前に藩主に就任した斉彬が、西郷からの意見書に注目したのが、そのきっかけである。困窮する農民をどう救済するかについての意見に感心し、斉彬は何かと西郷を引き立てることになった。

フィクションでは西郷の純朴さを際立たせるため、大久保利通が狡猾な人物として描かれることが多いが、大久保が斉彬の弟・久光に近づいたのは、身近な西郷が斉彬の力で引き上げられるのを目の当たりにしていたからに違いない。同じことをやっていて

西郷の政治生命を断った井伊直弼

も、ずる賢く描かれるのが大久保で、まっすぐな人物として描かれるのが西郷である。

出世の足がかりを得た西郷は、斉彬の意を受けて、一橋家の慶喜を将軍職に擁立するために奔走することになる。聡明で知られた慶喜ならば、この国難において指導力を発揮してくれるはずだと、斉彬は考えていた。

西郷は、僧侶の月照というかけがえのない同志を得ると、公家の近衛家にも根回しをして、慶喜を将軍とする勅命を出してもらえるように働きかけた。泰然自若とした印象のある西郷だが、意外にも政治工作に従事していたのだ。

だが、そんな西郷たちの前に立ちはだかったのが、井伊直弼である。井伊は勅命の内容に修正を加えさせたうえに、西郷と立場が近かった老中・堀田《ほった》正睦《まさよし》を追い落とすと、自ら大老となって、勅許を待たずに「日米修好通商条約」に調印するという暴挙に出た。

斉彬が急死すると、井伊は尊皇攘夷派を粛清する「安政の大獄」を断行。井伊と敵対していた西郷や月照も追われる身となり、追い詰められた2人は海に身投げして、西郷だけが助かった。

奄美大島に身を潜めながら、西郷は井伊への怒りを募らせた。

しかし、驕れる者は久しからず。１８６０（安政７）年、井伊は元水戸藩士らに暗殺されてしまった。

たとえ政敵であろうとも、暗殺という卑劣な行為を、西郷はよしとはしなかった……と書きたいところだが、西郷は島でその知らせを聞いて狂喜乱舞。

井伊の一周忌で改めてその喜びをかみ締めたようで、１８６１（文久元）年3月4日、奄美大島から大久保利通に宛てて、西郷は次のような手紙を書いている。

「昨日は斬姦《ざんかん》の一回忌にて、早天より焼酎呑み方にて、終日酔い居り申し候」

「斬姦」とは井伊直弼を斬ったことを指している。その1周年記念に、「ざまあみろ」と早くから焼酎をあおって1日中酔っ払っていたと、わざわざ手紙で報告している。政敵の死の一周年記念で泥酔……人間らしいが、「敬天愛人」の境地からは程遠い。

●親友のはからいを台無しに

西郷隆盛と大久保利通。共に薩摩藩士として倒幕に貢献し、明治維新を成し遂げた。

このコンビの絶妙さは、西郷のこの言葉に集約されている。

「もし一個の家屋に譬《たと》うれば、われは築造することにおいてはるかに甲東《こうとう》に優っていることを信ずる。しかし、すでにこれを建築し終りて、造作を施し室内の装飾を為し一家の観を備うるまでに整備することにおいては、実に甲東に天稟《てんぴん》あって、我等の如き者は便所の隅を修理するもなお足らないのである、しかしまた一度、これを破壊することに至っては甲東もおれに及ばない」

「甲東」とは、大久保利通のことである。「創造と破壊」に長けていた西郷と、実務的な運用に優れていた大久保の特徴をよく分析した言葉である。互いに短所を補い合った凸凹コンビだったが、振り回されていたのは大久保の方だった。

兄の斉彬から藩主の座を引き継いだ島津久光は、1862（文久2）年、「公武合体運動」推進のため、兵を率いての上洛を決意する。大久保は、これを契機として島に流されていた盟友・西郷を呼び戻そうとする。

西郷と馬が合わなかった久光はこれを渋ったが、大久保は命がけで迫った。

「許されなければ、腹を切ります！」

一方で、西郷は流刑地でさぞ苦しい生活を送っているかと思いきや、すっかり奄美大島に馴染んで、島でつくった妻との間に生まれた長男の誕生を祝うなど、エンジョイしていたようだ。

そんななか、大久保の尽力の甲斐があって帰藩命令が下り、島妻と子どもとの今生の別れを惜しみながらも、西郷は再び薩摩藩へと舞い戻った。しかし、藩に帰ってきて久光と顔を合わせると、呼び戻してもらった礼を言うこともなく、藩主の上洛にこう反対した。

「今軍勢を率いて京に入れば、大混乱になるに違いもはん」

これだけならば、まだ良かったが、西郷はさらにこう続けたのである。

「御前《ごぜん》には、恐れながら田舎者《じごろ》であられるゆえ」

藩主を前にして、田舎者扱い。親友の苦労が台無しである。隣に居た大久保が青くなるなか、久光は怒りのあまりに度を失いそうになったが、なんとか平静を保ったという。

一方の西郷はぷいっとそのまま指宿温泉へと向かってしまう。足の痛みが表向きの理由だったが、内心は「主君の無謀な上洛に付き合っていられるか」という気持ちだったのだろう。

そんな友人を大久保は責めることなく、粘り強く説得して、なんとか久光の上洛計画に同意させた。

しかし結局、西郷が「下関で久光を待て」という命令を無視し、独断で京に向かった

ロンドン紙で伝えられた「薩英戦争」の模様

ことで、再び島に流されることになる。今度は、絶海の孤島である沖永良部島《おきのえらぶじま》であった。

やがてイギリスと薩摩の間に「薩英戦争」が起きるが、このときも西郷は島にいた。藩の危機に、西郷は船を造って島から脱出しようとしたが、その頃には戦争は終わっていた。

こんな風に泰然自若どころか、藩や親友に迷惑をかけまくっていた西郷だが、実は藩を越えて、あの坂本龍馬も彼には手を焼いていた。

龍馬は「薩長同盟」で薩摩藩と長州藩を結びつけ、倒幕への道筋をつけたが、実は1回目の交渉は失敗に終わっていた。というのも、やっとの思いでこぎつけた会合を、薩摩側の責任者である西郷がドタキャン。龍馬の機転でなんとか決裂を防いで、盟約に結びつけたのである。

確かに自称しているように、西郷が「破壊」に向いているのは間違いなさそうだ。

●目的のためならば味方も欺く

「情に厚く、裏表のない大人物」という西郷像がかなり揺らいできたが、それもそのはず、若くして政治活動に従事していただけあって、西郷が最も得意としたのは敵のみならず味方をも欺く政治・破壊工作だった。

1867（慶応3）年11月9日、徳川慶喜が政権を朝廷に返上し、約250年続いた江戸幕府に終止符が打たれた。いわゆる「大政奉還」だが、実はこれは慶喜にとって起死回生の一撃であった。

というのも、これより1ヶ月前に、薩摩藩・長州藩・広島藩の間では、挙兵の盟約が結ばれ、さらに大久保が公卿・岩倉具視に働きかけた結果、倒幕の密勅を得ることに成功していたのである。

「あとは幕府を倒すだけ」というときに、慶喜が政権を返してしまったので、幕府を倒す大義名分がなくなってしまった。朝廷はやむを得ず、倒幕の延期を通告。ようやく手にした倒幕の密勅は、その効力を失うこととなった。

また慶喜は政権を返したところで、朝廷に政権を運営していく力などなく、いずれ泣きついてくると考えていた。

幕府の息の根を止めるために出兵の準備を進めていた薩摩藩は、完全に振り上げた拳

慶喜が起死回生を図った「大政奉還」

の行き場を失うことになった。ここまでは慶喜の読み通りであった。

しかし、狡猾な策士・西郷はさらにその上をいっていた。彼は躊躇うことなく、２つの嘘をつくことを決意する。

まずは、倒幕の密勅の効力が失われたことを仲間に伝えないまま、出兵準備のため鹿児島へ帰ったのだ。ただでさえ、薩摩藩内では出兵反対論がくすぶっていたため、反対派に余計な口実を与えたくはなかった。

さらに、出兵があたかも「尊皇攘夷のための戦い」であるかのように装った。いつの時代も、偏狭なナショナリズムは、人々を団結させるのにもってこいである。外国を打ち払うという攘夷思想を打ち出して、西郷は出兵に反対する勢力を黙らせることに成功した。続けざまに西郷は幕府との対立構造を崩さないため、一般市民を巻き込んだ策略を実行しているのだが、それについては後述する。

さて、新政府軍は幕府を「戊辰戦争」に引きずりだすことに成功し、これに勝利する。

明治政府が樹立されたわけだが、彼らは幕府から政権を奪ってしまえばこっちのものとばかりに、攘夷どころか、全面開国の政策を採ることになる。

「攘夷のため」と聞かされていた志士は唖然としたことだろう。

そもそも、西郷の仇敵・井伊直弼をはじめ、世界情勢に通じた幕府は、かつての鎖国政策から開国へと舵を切っていた。それに不満を持った尊皇攘夷派をたきつけてきたのが、西郷をはじめとした新政府軍である。

ところが、いざ政権を握った明治政府は、開国・文明開化による近代化の道を歩み始めるのだから、理屈からすれば詐欺のようなものである。

政権をとるためには手段を選ばない――。しょせんは西郷も、歴史上よく見られるタイプの野心家だったのである。

●西郷に切り捨てられた「赤報隊」

敵のみならず味方を欺いた西郷だが、「戊辰戦争」前にはとっておきの謀略を成功させている。

「戊辰戦争」の幕開けとなる「鳥羽伏見の戦い」は、旧幕府側の庄内藩が江戸の薩摩藩邸を焼き討ちにしたことがきっかけとなった。庄内藩は当時、新徴組を幕府から預けられ、江戸市内の警備を行っていた。なぜ彼らはそんな暴挙に出たのか？

それは、江戸中で放火や略奪などが横行しており、その犯人である浪士たちが、みな決まって三田の薩摩藩邸に駆け込んでいったからである。それもそのはず、浪士たちを集めて暴れさせていたのは、薩摩藩士の益満休之助《ますみつきゅうのすけ》であり、裏で糸を引いたのが西郷であった。

ある日、庄内藩邸に銃弾が打ち込まれたことで、庄内藩の堪忍袋の緒が切れて、薩摩藩邸を包囲。武装解除の呼びかけにも応じないために、砲撃を加えたというのが事件の背景であった。

だが、西郷は「鳥羽伏見の戦い」で、さらに上をいく無慈悲な措置をとっている。

１８６８（慶応４）年１月、江戸で暴れさせた浪人のひとりである相楽総三に、西郷は新たな任務を命じた。それは、「官軍が江戸に攻め入るのに先立ち、反乱・暴動を鎮めて民衆を安心させて欲しい」というものだった。

鉄砲１００丁に加え、官軍の印である「錦の御旗」を与えられた相楽は、「赤報隊」を組織して、信州方面へと進撃した。そのときに、赤報隊が民衆の心をつかむために掲げたのが、「年貢半減令」である。

なんと新政府が政権を握れば、年貢を半分にするというのである。

もちろん、相楽が勝手に言い出したことではない。

幕府に反発して全国各地で「世直し一揆」が頻発するなか、民衆を新政府側に引きつけるため、相楽は太政官宛に「幕府領の年貢の軽減」を訴える建白書を提出。それを受け入れるかたちで、朝廷が「幕領のすべての年貢を半減する」と布告したのだ。

赤報隊は「幕府が倒れれば、年貢が半分になるぞ」と呼びかけながら街道をひた走り、民衆は大喜びして、メンバーは膨れ上がっていった。

しかし、実際のところ、「年貢半減令」は一時の人気取りのために新政府が布告したに過ぎず、実効性はまるでなかった。

新政府は、旧幕府領からの年貢については、三井や鴻池といった豪商に一任する約束をしてしまっており、その見返りに多額の献金を受け取っていた。ひどい話だが、年貢半減などできるはずがなかった。

新政府にすれば、赤報隊をこのまま放置しておけば、後々大きな禍根を残す可能性が出てきたことになる。そして、新政府は見事なまでに手のひらを返して、こんな命令を出した。

「偽官軍・赤報隊の追討令」

出頭命令に応じた相楽を始めとした赤報隊幹部は、容赦なく捕らえられ、2日2晩にわたって寒い中、食事も与えられないまま、縛りつけられた。そして、処刑所へ連行され、弁明の機会も与えられないまま、首を斬られていったのである。なかには「処刑理由を教えてほしい」と絶叫した者もいたというから、あまりにもむごい。

驚くべきことに、当の西郷は彼らを助けることなく、あっさりと見殺しにしている。もっとも、「戊辰戦争」前から相楽は薩摩藩のコントロールを外れており、西郷も扱いに手を焼いていたとする説も存在する。それならばなおのこと、維新後に西郷が不平士族を抑えられず「西南戦争」に引きずられ、今度は共倒れするという最期は、因果応報なものに思えてくる。

人の血が通っていた
大久保利通

●嫌われ者の「冷酷な権力者」

幕府打倒に貢献し、明治新政府においても中心的人物として活躍した大久保利通。しかし、その実績とは裏腹に、大久保はすこぶる不人気な人物である。盟友の西郷隆盛が、死後も国民から慕われ続けたのとは対照的だ。

西郷と同郷の大久保は、少年時代に父が流罪となり、一家は苦境に立たされていた。立身出世のストーリーとしても、すんなり成立しそうなものだ。ところが、「大久保を見習うように」と子どもたちに語られることは皆無である。

それはひとえに大久保に付きまとう、こんなイメージのせいだろう。

「冷酷なリアリスト、融通がきかない独裁者」

確かに実力はあるけれども、人間としての温かみがない人物。「西南戦争」で、親友の西郷を死に追いやったことも、大久保の冷血ぶりを強く印象づけることになった。

実際の大久保も、やはりイメージどおりの冷たい人物だったのだろうか。

●青白い顔をした虚弱児

大久保利通といえば、豊かな顎鬚をたくわえ、威風堂々とした様が当時の写真から見てとれるが、その威厳は決して見かけ倒しではなかった。

明治維新後、大久保が内務卿に就くと、内務卿室は神聖な場所となって常に静まり返っていた。また、大久保が地方官会議に赴くと、会場の私語がピタリと止んだという。

幕末の名残が残る明治初期の頃だ。志士上がりの者もいれば、豪傑を気取る輩もおり、なかには内務卿室へと押しかけていくような荒っぽい者もいた。しかし実際に大久保を目の前にすると、ろくに議論もできず、すごすごと帰っていくのが常だった。大久保とともに内務省行政に携わった河瀬秀治《ひでじ》がそう証言しているから、間違いないだろう。

幕末期には「人斬り半次郎」と恐れられた桐野利秋や、篠原国幹《くにもと》といった薩摩藩の猛者でさえも、大久保を目の前にしては、借りてきた猫のように大人しくなった。今日こそは一言物申してやろうと、酒の勢いを借りて乗り込んだ者もいた。

洋装で威風堂々とした佇まいの大久保利通

だが、「なんじゃっちい」と、大久保から不機嫌そうに言われると、ただ押し黙るしかなかった。

まさに威厳が服を着て歩いていたような男だが、意外にも、少年時代は不名誉なあだ名をつけられていた。

「タケンツツボ（竹の筒）」

竹の筒のように細い体で、青白い顔をしていた大久保は、そんなふうに揶揄されていた。

どうやら消化器系も弱かったようだ。武術も得意ではなかったため、ひたすら学問に注力。薩摩藩では「郷中教育《ごちゅうきょういく》」という町内単位での独特の青少年教育が行われていたが、大久保は腕力で劣った分、ディベートや読書量では、他の者を圧倒していた。

こんな少年時代のエピソードもある。

友人と桜島に登ったときのことだ。桜島は神聖な場所とされていたにもかかわらず、大久保は火口に石を投げ入れて、こう言い放ったという。

「天罰など当たるものか！」

合理主義の政治家として名を馳せる、大久保の素地が垣間見える逸話だ。

大久保が大きな不幸に襲われるのは、20歳のときのこと。１８４９（嘉永2）年、お家騒動「お由羅騒動」の影響で父、次右衛門（利世《としよ》）が鬼界島へ流罪になってしまった。

家に残されたのは、大久保のほか、病に伏した母と幼い妹が3人。

さらに、若き家長となった大久保自身にも謹慎処分が下され、それまで就いていた藩の記録所書役助の職を奪われた。大久保は多くの書簡を残したが、最古のものが森山與兵衛に宛てた借金の証文で、この頃に書かれたものだ。

竹筒のように細くか弱かった少年は、時代の荒波に翻弄されながら、反骨精神あふれる人間へと成長していくことになる。

●大胆な自作自演

鹿児島市にある大久保が生まれ育った地。生誕地は別にある

謹慎処分を受けた大久保だが、島津斉彬が薩摩の新しい藩主に就くと、運命が拓かれていく。1853（嘉永6）年、大久保は3年以上にわたる謹慎を解かれ、記録所書役助《かきやくすけ》へ復職。翌年には、父も島からの帰郷を許された。

28歳で大久保は「御徒目付《おかちめつけ》」に任命される。同じ役職に就いたのが、盟友の西郷隆盛だ。

同じ郷中で出会ったこの2人は大久保が7歳、西郷が10歳のときからの付き合いだ。

斉彬は西郷のほうを重用したが、斉彬の跡を継いだ久光は、大久保を側近に据えた。大久保がいかにして久光に近づいたかについては、有名な逸話がある。

西郷が斉彬の力で成り上がっていくのを見たからか、大久保は一計を案じた。久光の唯一といってよい

大久保を側近に引き上げた島津久光

趣味の囲碁に目をつけ、吉祥院に足しげく通っては住職の乗願に囲碁を習ったのである。乗願が久光の碁のライバルだったため、大久保は乗願と碁を打ちつつ、自分の存在や同志たちの動向を伝えようとした。

久光に対面を果たすまでに、かかった年月は実に2年半。その間、会えるかどうかもわからないまま囲碁に通ったのだから、地道な努力である。

このエピソードは「大久保が久光に近づくために囲碁を習った」と誤解されることが多い。

だが、1848（嘉永元）年1月4日には、こんな手紙を書いている。

「八ツ前牧野氏被訪碁打相企三番打、拙者勝負マケいたし候」

碁を打って負けたと記載されている。このとき大久保は17歳だから、この時点で囲碁の経験があったことになる。

大久保には権謀術数に長けたイメージがあるから、「主君に近づくために、わざわざ趣味の碁を習った」と曲解されていったのだろう。確かに、大久保には用意周到に準備して物事を進める慎重さがあった。自身も次のように語っている。

「なにぶんにも、天下の一大改革のあった後というのは、これを整理し、守成していくのは難しい。かかる場合は、やらなければならぬことはたくさんあるが、しかし、やりすぎるのはよろしくない」

だが、そんな慎重さは大久保の一面にしか過ぎない。

久光が父の代からの悲願だった率兵上洛を目論んだときのことだ。

大久保は、久光の願いを叶えるべく東奔西走していたが、困ったことに、参勤交代の時期が迫っていた。率兵上洛の準備でそれどころではなかったが、ついに幕府から催促されてしまう。まだ、根回しが終わっていなかったため、このまま兵を挙げれば、反乱として追討されかねない。

この状況を打開するため、なんと大久保は芝高輪の薩摩藩邸を焼き討ちにするという手段に出た。そして「藩邸再建のために、参勤交代まで手が回らない」と訴えたのである。

これには幕府も同情して、参勤交代を秋まで猶予。そればかりか、薩摩藩邸の再建費として、2万両の貸与まで行っている。まさか、大久保自身が放火を指示したとは、夢にも思わなかったのだろう。薩摩藩邸には貴重な調度品もあったのだが、大久保はそれごと灰にしてしまった。

平時は慎重かつ、確実に物事を前進させる大久保だが、勝負どころと見れば、西郷をもしのぐ行動力を見せたのである。

●人間の機微を重視していた

実際のところは別として、フィクションでは西郷隆盛が人間味あふれる男として描かれるが、大久保は冷血人間として登場することが多い。

ときに非情な決断を下し、幕末から明治へのパラダイムシフトを実現させた大久保の豪腕が、他者を切り捨てる薄情さとして人の目には映るようだ。

だが、実は大久保はどんな改革を行うときでも、人間関係の摩擦に注意していた。幕末期に薩摩藩は軍備を増強して幕府を追い詰めたが、銃の改良を行うにあたっても、大久保は細心の注意を払っている。

薩摩藩は最新式の元込め銃を大量に買い込んだが、薩摩藩士・村田経芳《つねよし》は国産化を見据えて元込め銃を徹底的に研究。それを知った大久保は久光に頼んで、費用を工面してもらい、村田式の元込め銃を完成させている。

しかし、天山流、荻野流といった旧砲術の師範家たちは、それに反発。どちらの性能

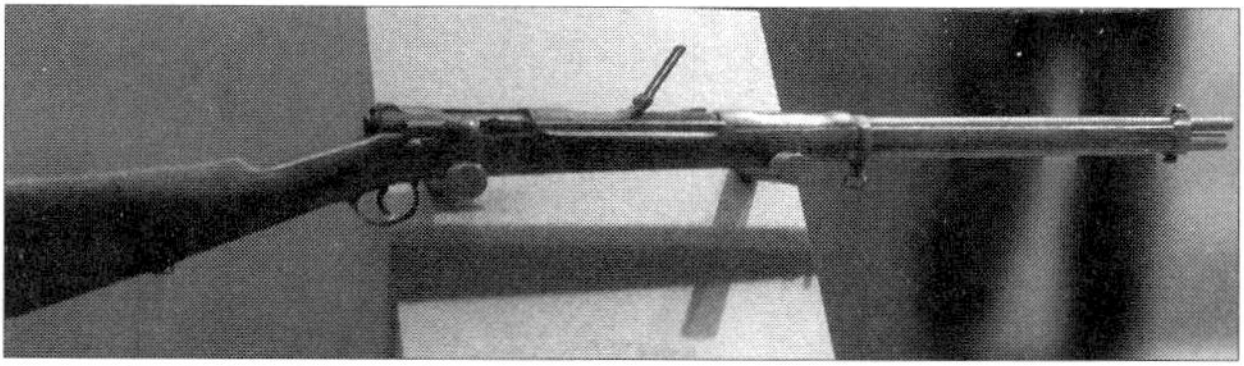
村田経芳が渡欧後に「村田銃」を発展させた「二十二年式村田連発銃」

が上なのか、藩主父子の前で比較試射会を行うことになった。

その結果、旧砲術では鉄板に弾が跳ね返されたが、村田式の元込め銃では鉄板を見事に貫通。明らかに性能が高いことを証明できた村田は、藩で制式採用するように大久保に求めた。しかし、大久保は首を縦に振らず、こう言った。

「師範家連を追い詰めすぎてはならぬ。かえって彼らの反抗を引き起こし、混乱をもたらすだろう。彼らも今日の結果をみて改良につとめるであろうから」

その後、大久保は師範家の師弟たちから選抜した者たちを、江戸や長崎に留学させた。

なかには、村田自身に弟子入りする者もいた。明らかな差を見せつけられ、これまでの自分たちの経験を捨てる決意をしたのだろう。

勝負で負けた師範家たちを、大久保は結果だけで切り捨てることはなかった。その結果、皆が切磋琢磨して砲術技術全体が底上げされることとなった。村田はその後も改良に励み「村田銃」を作り、明治陸軍の制式銃となっている。

こんなエピソードもある。大久保が薩摩を離れていたときのこと。藩内でトラブルが起きて、藩士数名が処罰された。どうもその手続きが荒く、藩内に険悪な空気が流れていると知ると、大久保はすぐさま国許に連絡をとって苦言を呈した。

「当局の不用意な行為で藩内に動揺を生じては困るではないか」

どれだけ中央で出世を果たし、国家の政局を動かすようになっても、大久保は足元のわずかなほころびさえも、無視しなかったのである。

「組織を支えるのは人心であり、人心を納得させるのは当事者の公正な態度である」

そう言った大久保は、改革を進めながらも人の心の機微を理解していた。

●子どもを溺愛

大久保の意外な一面は、プライベートにも垣間見ることができる。

国家の大事業に全身全霊を注いだ大久保だが、決して仕事だけの人間ではなく、自分の家族との時間も大切にした。大久保が結婚したのは28歳のときで、薩摩藩士である早崎七郎右衛門の二女、満寿子《ますこ》を妻に迎えた。満寿子との間には、四男一女をもうけている。

これだけでも十分子沢山だが、妻のほかに京都で、芸妓の杉浦勇《ゆう》という妾がおり、大久保は彼女との間にも4人の息子をもうけた。

つまり、全部で八男一女である。長男の利和、次男の伸顕、三男の利武、四男の利夫、五男の雄熊、六男の駿熊、七男の七熊、八男の利賢、そして長女の芳子と列挙してみると、忙しい中、よくぞここまで子どもをつくったものだと感心してしまう。

三男の利武は、父について次のように語っている。

「叱られたという記憶がありませぬ。子どもは大変かわいがったほうで、私どもは学校から帰ると父が役所から帰ってくるのを楽しみに待っていたものです」

仕事場ではその威厳で周囲を圧倒していた大久保。一家の家長としてもさぞ厳格な存在だったのかと思いきや、子どもたちにとっては優しいパパだったようだ。

大久保利通の次男・牧野伸顕

馬車の音がすれば子どもたちは「お父さんが帰ってきた！」と争うように玄関に急ぎ、寄ってたかって大久保の靴を脱がした。大久保は面白がってわざと靴紐を固くしたり、緩くしたりして、子どもたちの反応を楽しんだというから、微笑ましい。

三男の利武は、父の表情をのちのちまで心に刻んでいた。

「ある時、私が脱がした靴を再び履かして、それをまた力を入れて引っ張ると、力があまって後ろにころげるのを見て笑ったときの父の顔を、今もなおありありと覚えています」

9人の子どものうち8人が男ということもあり、長女の芳子のことは、特に可愛がったようだ。次男の伸顕は、妹についてこう振り返っている。

「あれは赤ん坊の時分に非常に父に愛されたもので、役所に出勤する前にも、もう十分か十五分か出なければならぬというのに、洋服をつけてから抱き上げて、書斎に連れて行って、キャッキャッと戯れていました。宅にいても来客や、事務の残りがあって随分忙しゅうございましたが、五分でも暇があると、小さい子どもを書斎に呼び入れて戯れていました」

激務のため、家族と食事をともにすることは難しかったが、毎週の土曜日だけは、家族とできるだけ会食をするようにしていたという。

現代にも子どもとの時間を持ちたいが、仕事が忙しくてなかなか……という父親は多いが、国づくりの先頭に立っていた大久保より多忙な人はまずいないはずだ。

出勤前や帰宅後のわずかな時間でも、暇を見つけて子どもと過ごすことを大久保は楽しみにしていたのだ。

●ノーではなく「よく考えよう」

大久保は、子どもからどんな相談を受けても、すぐに否定はしなかった。次男の伸顕が「中国へ留学して漢籍を学びたい」と話すと、こう言われたという。

「それもよかろう。しかしまあよく考えたらいいだろう」

実は、これは大久保があまり賛成していないときの言葉であり、伸顕が「日本国内で、他の学問と平行して漢籍を学ぶ」という方針に転換すると、「それがよろしい。そうしなさい」と、今度はきっぱりと賛成の意を示したのだった。

頭ごなしに否定しなかったのは、子煩悩だったからではない。独善的なイメージが強い大久保だが、たとえ相手が部下であっても、意見をきちんと聞くようにしていた。

薩摩藩士の高崎五六は、大久保から元老院議官、東京府知事などに任じられた人物だが、大久保と2、3時間にわたって議論を行ったことがあった。しかし、議論といっても大久保はただ黙っているだけで、ほぼ高崎の演説である。

高崎が話し尽くすと、大久保が「それだけですか」とだけ言うので、高崎が「そうです」と答えると、彼はこう言ったという。

「貴方の意見には佳いところもあるが、また佳くないところもある。よく考えましょう」

ただ、これだけである。相手が拍子抜けしたことは言うまでもないが、反対意見を出してやり込めても、遺恨が残るだけだとわかっていたのだろう。

部下に対しては呼び捨てにせず、しっかりとお辞儀をしたという。

しかし扱いは丁寧でも、大久保が絶対に許さなかったことがあった。

あるとき、部下が「ジョンスというアメリカ人を雇おう」と提案して、大久保から許可をもらった。しかし、「よく調べると雇用までする必要はないかもしれない」と、意見を変えたことがあった。

それを聞いた大久保は「そんな不詮索なことがあるか！」と大激怒。そう、大久保が最も嫌ったのは、「一度やろうと決めたことを変更する」こと。

内務省で大久保の片腕だった前島密は、こう振り返った。

「よく人にも計り、人の言をも容れた人で、一事を断裁するにも念に念を入れる流儀であったが、ただ裁決した以上は、もう何事が起こっても気が迷うの、躊躇するということはなかった」

上司の意見がころころ変わって、部下が振り回されるのはよくあることだが、大久保の場合は逆だった。実務家としての強烈なポリシーが伝わってくる。

●人知れず苦悩していた

冷静沈着にして、思慮深かった大久保は、とにかく無口だった。

不平等条約の改正を目指して各国を訪問した岩倉使節団においても、皆が珍しい外国の風景を見て騒ぐなか、大久保は黙ってタバコを吸ってばかり。洋行中に口を開いたのは、数えるほどしかなかった。

いつも頭のなかには、築くべき国家のビジョンがあったのだろう。無駄口を叩かず、沈思黙考しながら、改革をひとつずつ着実に実行していく様は、まるですべてを見通しているかのようだった。

だが、そんな大久保が予想だにしなかったのが盟友、西郷隆盛の反乱である。

もちろん、士族たちの反感を買っていたことは、大久保も十分承知していた。

なにしろ、版籍奉還を断行し、それまで藩主と呼ばれた者たちを「知藩事」として藩高を10分の1に削減。藩士たちも「士族」と称したうえで家禄を減らしていた。厳しい行政処分だが、そうしなければならないほど、明治政府の財政状態は逼迫していたのである。旧武士たちの家禄は、国家の歳出の実に3～4割にも及んでいた。

政府が士族に就業を奨励した結果、慣れない商売で身を滅ぼす士族が続出。生活が困窮した士族たちが各地で挙兵したが、大久保はこれを冷静にひとつずつ撃破していった。

そんななか、一番の強敵は、依然として勢力を保っていた鹿児島県、つまり薩摩藩である。

薩摩藩では「征韓論」に敗れて下野した西郷隆盛を慕って、多くの軍人が集まり「私学校」という士族結社が作られていた。西郷がいるという安心感からか、薩摩藩は廃刀令にも従わず、秩禄処分も地租改正もほぼ実施していなかった。まるで独立国家のような状態である。

大久保にとっては故郷ではあるが、いや故郷だからこそ、改革の手を緩めるわけにはいかない。現に「大久保は鹿児島県を特別扱いしている」という批判も出始めていた。このままでは、ほかの県も従わなくなってくるだろう。大久保が、腹心・川路利良《としよし》をして密偵を派遣すると、その姑息なやり方に、桐野利秋ら私学校の壮士たちは激怒して、ついに兵を挙げることになる。

1877（明治10）年、桐野利秋が1万3000人の薩摩軍を率いて挙兵。このときに、大久保は伊藤博文への手紙でこうほくそ笑んでいる。

「まことに朝廷不幸の幸とひそかに心中には笑を生じ候位に之れ有り候」

むしろ反乱分子を打倒する好機だと、大久保はとらえていた。この手紙を引き合いに出して、「盟友・西郷の決死の訴えを冷笑する、この残酷さ！」と決めつけられることもあるが、大久保は当初、西郷が反乱に加わっているとは考えていなかった。それどころか、周囲にいくら忠告されても、信じなかったのである。

内務省で大久保の側近だった千坂高雅は、次のように証言している。

「大西郷を信じていたどころじゃない。いよいよ模様が危ないらしいのに、大久保は『西郷は大丈夫だ』と言っているので、すこぶる困ったものだ」

元薩摩藩士・高橋新吉も「人が何と言っても、あの男はそんな男じゃないと言って聞かなかった」と言っている。リアリストが形無しだが、それだけ信じたくなかったのだろう。

いよいよ西郷が乱に加わっていることがわかると、大久保は「そうであったか」と漏らし、人前で滅多に見せない涙を見せたという。

●国家のために私財を投じた

西南戦争に敗れた西郷が城山で自刃してから、すぐ後の1878（明治11）年5月14日。大久保がいつものように馬車で出勤すると、赤坂紀尾井坂で、石川県の士族・島田一郎らに襲撃された。大久保は、全身に16箇所もの傷を負い、その大半は頭部に集中していたため、そのまま死去。49年の生涯を終えた。

島田らが携えた「斬奸状《ざんかんじょう》」には、大久保による専制政治への批判が綴られていた。

そこには「国費の無駄遣い」も挙げられていたが、大久保は人知れず、国家の公共事業に私財を惜しみなく投じていた。そのため、死後は財産ではなく、８０００円（現在の紙幣価値で約１億６０００万円）もの借財を残している。批判はあまりにも的外れだといわざるを得ない。

近代日本の礎を築きながらも、最期の最期まで誤解された生涯だった。

ヤブ医者から天才兵法家へ

大村益次郎

●北東を見つめる靖国神社の銅像

靖国神社の大鳥居をくぐってしばらく歩くと、参道の中央に大きな銅像が建てられている。近代日本陸軍の創始者、大村益次郎の銅像である。

羽織袴で腰には刀を差し、左手には双眼鏡を持ったその像は、円筒形の台座を含めて高さ12メートルという巨大なもので、日本最初の西洋式銅像として1893（明治26）年に建てられた。

銅像ではなく、額がやたらと広く描かれた、有名な肖像画を思い浮かべる人もいるかもしれない。その容貌から「火吹き達磨」というあだ名を付けられたこともあった。

だが、彼の業績を踏まえれば、やはり次の形容がふさわしい。

「軍事の天才」

益次郎は、幕府による「第二次長州征伐」や「戊辰戦争」において、長州藩兵を率いて新政府軍を勝利に導いた。さらに、彰義隊の討伐や、蝦夷地の平定といった功績も残している。益次郎の兵法なくしては、どの戦も勝利することは難しかっただろう。

ちなみに靖国神社の銅像は、上野の彰義隊を攻めるときに、益次郎が江戸城の富士見櫓から北東を凝視している姿をモデルにしたと言われている。

これだけの功労者にしては、益次郎の生涯はあまり知られていない。驚くべきことに、彼は兵法家になるまでは、評判の悪いヤブ医者といわれていたのである。

●患者の評判が悪い開業医だった

益次郎は1824（文政7）年、現在の山口県東部にあたる周防国吉敷郡で、村医者の長男として生まれた。

村の名は鋳銭司《すせんじ》村。益次郎が大兵法家として名を成して、この村に彼を祀る大村神社が建立されるなど、誰も想像だにしなかっただろう。

なにしろ祖父の代から、医業を生業とした血筋である。家の苗字は「村田」で、祖父の村田良庵は村役所付の医師を務め、父の村田孝益《たかます》は村医者として患者の診療にあたってきた。当然、益次郎も医師になるべく幼少の頃から漢方薬についての医書を読むなど、努力を重ねていた。

1830（天保元）年頃になると、気候不順による凶作に見舞われることが続き、日本には不穏な空気が渦巻くことになる。全国各地で一揆や打ちこわしが発生し、長州も例外

靖国神社にそびえる大村益次郎の銅像

おでこが特徴的な益次郎の肖像画

ではなかった。

だが、不安定な情勢のなかでも、益次郎は医師になるための努力を続けた。1842（天保13）年、19歳のときには、梅田幽斎が開く蘭学塾に入塾した。

梅田はフィリップ・シーボルトの弟子であり、蘭方医学を習うのに、うってつけの相手だったといえるだろう。

しかし、蘭学の医書を読むためには、漢語で書かれた訳文を理解しなければならない。そのため、益次郎は20歳のときに広瀬淡窓《ひろせたんそう》が主催する私塾、咸宜園《かんぎえん》に入門して漢学の修行を行った。

さらに、23歳のときには、大坂にまで足を運び、緒方洪庵の「適塾」で教えを受けている。

長崎にいた医師の奥山静叔に学んだ時期が1年間あったので、その間は抜けたものの、27歳まで適塾で学び、塾頭まで務めた。すべては父の期待に応えて、立派な医師となるためだった。

1850（嘉永3）年、適塾を辞めて故郷に帰ると、益次郎は医院を開業。

この村には、自分ほど勉強をしている医師などいるはずがない、と満を持しての開業である。最新の医学を踏まえた村医として、父以上の活躍をするはずだった。

だが、いざ開業すると、どうにもうまくいかないことに気づく。

蘭学によって得た人体の構造について、村人の患者に説明するものの、まったく関心を持ってもらえない。

理解しづらい話よりも患者が医師に求めるのは、親身になって話を聞き、身体の辛さに共感して寄り添う姿勢である。

だが、益次郎は患者とうまくコミュニケーションがとれなかった。

「お暑うございます」

患者からそう話しかけられても、益次郎は無愛想にこう言うのみだった。

「夏は暑いのが当たり前です」

最も機嫌が良いときの返事が「そうです」だったというから、患者もさぞ味気なかっただろう。

さらに、知識は豊富にあるものの治療法はいまい

益次郎の師の一人緒方洪庵。大坂の適塾で医師の育成に努めた。

ちで、ヤブ医者だったのではないか、とする説もある。

こうなると、医院に閑古鳥が鳴くのは、当然である。

しかも、間の悪いことに、開業の翌年に村の百姓の長女である琴子と結婚していた。もともとヒステリー気味だった妻はますます機嫌が悪くなり、益次郎は現実逃避をするかのように、趣味で西洋の兵書を読み漁るようになった。

ついに経営が持ちこたえられなくなると、開業からわずか3年で医院を廃業。これまで立派な医師になるために勉強を重ねてきた益次郎にとっては手痛い挫折となった。

●華麗なる転身を遂げる

30歳を目前にして、医師になるという目標を失った益次郎。

だが、これまで見てきたように、歴史に名を刻む人物というのは、往々にして大きな挫折のあとに運命の転機を迎えるものだ。

1853（嘉永6）年、アメリカから黒船が来航。

幕府から各藩に「海防の強化」が言い渡された。伊予国（愛媛県）宇和島藩もそのひとつであり、第8代藩主の伊達宗城《むねなり》が、海防に洋学の知識を導入するために、蘭学者の力を必要としていた。そこで、蘭学の知識が豊富な益次郎に白羽の矢が立てられた。

ペリー来航から3ヶ月後、益次郎は宇和島へと単身で向かう。

宇和島藩は、まず益次郎に航海術の蘭書を翻訳させて、実力を測っている。その訳が優れていたために、藩は益次郎に二人扶持と10両を支給することを確約。医師としてのキャリアが閉ざされた益次郎の前に、新たな道が開けることになった。

「白羽の矢が立てられた」としたが、招聘された実際の経緯については、蘭医の二宮敬作が藩主に益次郎を推薦したという説もあれば、逆に益次郎のほうから二宮へ働きかけたとするものもあり、判然としない。いずれにせよ、藩が益次郎を雇い入れることにしたのは、蘭学者としての実力を認めたからこそである。

それにしても、医学とはまるで異なる世界にもかかわらず、益次郎は藩から課せられた航海術の蘭書を、どうしてうまく訳せたのだろうか。

益次郎を登用した賢侯・伊達宗城

実は、益次郎がかつて入門していた緒方洪庵の適塾では、医学書だけではなく、砲術書などの兵学書も多く揃えられていた。そこで益次郎がとりわけ熱心に読んだのが、兵学、築城、砲術などの洋書だった。

開業後もその関心は失われず、医院に閑古鳥が鳴いているときも兵学書を読みふけっていた。その経験が、ここにきて生かされることになったのである。

宇和島で蘭書の翻訳にあたりながら、益次郎は大砲を鋳造し直したり、西洋銃を用いた作戦や砲台築造の指導を行った。そればかりか、軍艦の雛形まで作ってしまったのである。まさに才能が花開いた瞬間であり、充実した日々だったに違いない。

しかし、1856（安政3）年、宇和島の海防対策に目鼻がつくと、益次郎は藩主の伊達の参勤にしたがって宇和島を離れて、江戸に出ることになる。

益次郎、このとき33歳。医師を廃業してからわずか数年で、人生に怒涛の如く波乱が押し寄せたのである。

●現実に即したアドバイス

江戸の地に着いた益次郎は、宇和島藩の援助で麹町の家を買い取って、私塾「鳩居堂」を開いた。

開塾して1年で入門者は95人、主に兵学に携わる者が門を叩いた。塾生同士による輪読なども取り入れながら、蘭学の基礎を踏まえたうえで、兵学についての講義を行った。

開業医では失敗しているだけに、コミュニケーションの面が気になるが、ある塾生は砲術の講義を毎朝聴いていたところ、益次郎からこう言われたという。

「貴様は分かるまい、どうか」

いきなり決めつけたうえで、高圧的である。これでは生徒も離れてしまいそうだが、生徒が「どうも分かりかねます」と正直に言うと、こんな言葉をかけている。

「わからぬものをわからせようとすると、無駄に精神を費やしてならぬ。よく下読みをしておくがよろしい。ただそらに聴いていると、よけい精神を使うから」

きっと益次郎は自分が学ぶ身として、熱心に準備してから講義に挑んでいたのだろう。準備することの大切さを熱弁する姿からは、教育者としての思いが伝わってくる。

またあるときは、舞鶴藩から来た塾生が帰国することになった。理由は藩主から、海岸防備の砲台を作るように命じられたためである。

「早く先生に学んで帰国を急ぐように言われました。私としても当惑しているのですが、どうすればよいでしょうか」

そんな塾生の相談に対して、益次郎はきっぱりこう言い切っている。

「台場や大砲を作ることはできることだが、君の国のように小さな藩では、海岸防備などできるわけがないのだから、絵に描いた餅で、まるで無駄なことだ。断然辞めるがよろしい」

海岸防備は藩ごとに取り組んでも仕方がなく、国としての戦略が必要であると益次郎は考えていた。

正論だが、この塾生が藩主に同じように説いたところで、納得させることは難しいだろう。藩には藩の事情がある。益次郎はそのあたりも踏まえて、次のように続けた。

「海岸の国にいれば、幕府から責められるので、防備に取り組むのも、仕方がない面もある。もし、怠れば、国替えされてしまうかもしれないからな」

そのうえで、具体的なアドバイスを塾生に行った。

「よい方法を教えてやろう。竹と縄で大きな台場をこしらえるとよい。1年、2年と作っているうちに、天下の形勢もかわるだろう。今は、こういうものを造る、といってできるだけ大きなものを造って時間稼ぎすればよい」

人を食ったアドバイスだが、これならば誰の顔もつぶさずに済む。

合理主義者の益次郎は、実行できる範囲の現実的な打開策を、常に探るような男だった。

●通夜の席で福沢諭吉と大喧嘩

江戸での益次郎は、鳩居堂での講義を終えると「蕃書調所」という洋学研究機関へ出勤。海防に関する蘭書を訳したり、講義を行うなどして、学術研究と人材育成に励んだ。蕃書調所で具体的にどんな本を訳して、またどんな指導を行ったのか。記録に残っていないので定かではないが、精勤の褒賞として銀3枚を拝領したことはわかっている。

だが、いったん時代に求められた人材は、ひとつの場所に留まることは難しい。

1861（文久元）年、益次郎は「蕃書調所」を辞職することになる。

その裏には、長州藩の働きかけがあった。益次郎の才能に着目したのが、桂小五郎である。小五郎は、長州藩が江戸の上屋敷で開催していた蘭書会読会で益次郎と出会い、そのときから藩で召抱えることを考えていたようだ。

江戸在住のまま長州藩士となった益次郎は、萩に一時帰郷して、新たな任務に取り組んでいる。それは、西洋兵学研究所「博習堂」の学習内容を改訂することである。

科目は兵学科、海軍科、野戦砲科、攻城砲科などがあったが、益次郎は効率的に学習するために、それぞれの科での履修順序などを提案。また、学習にあたっては西洋にならって、原書だけではなく翻訳書も使用することを打ち出すなど、教育体制の整備を急いだ。

その後、再び江戸へ戻った期間もあるが、1863（文久3）年には、江戸の塾も閉めて、本格的に帰国することになった。

その年には恩師の緒方洪庵が江戸城への出勤前に喀血して急死。通夜の席で益次郎は、隣に居合わせた同門の福沢諭吉と激しいやりとりを行っている。

恩師の通夜の席で益次郎と口論した福沢

「この世の中に攘夷なんてまるで気違いの沙汰じゃねえか」

長州藩がイギリス・フランス・オランダ・アメリカの列強と武力衝突をしたことを引き合いに出し、はじめにからんだのは諭吉のほうである。9歳年下の後輩の態度に、益次郎は色をなして反論している。

「けしからんことを言うな。長州ではちゃんと国是が決まってある。あんな奴原にわがままをされてたまるものか」

すっかり長州藩に馴染んだ益次郎は、1865（慶応元）年、軍政専務の用所役を命じられ、軍制改革の責任者となり、兵制改革に着手する。

農商階級の兵士を再編し、装備を近代化させながら、散兵戦術などの洋式戦術を取り入れた。それも地形や敵情などに合ったものにアレンジしたうえで、戦略を部下たちに徹底させたという。

その成果は翌年、幕府による「第二次長州征伐」で早々と発揮された。西洋兵学の訓練を施された長州藩は、幕府軍を圧倒。

かつて医道を挫折した男は、今や天才兵法家として国を変えようとしていた。

●薩摩兵を見殺しに？

やがて「戊辰戦争」が終結し、明治維新が成し遂げられると、益次郎は軍務官副知事に就任する。桂小五郎こと木戸孝允や、大久保利通とともに、新政府の中心人物として兵制改革を担うことになった。

まさに大出世だが、「戊辰戦争」における彼の活躍からすれば、当然の処遇だろう。特筆すべきは旧幕臣で組織された彰義隊《しょうぎたい》との戦い、いわゆる「上野戦争」での采配だ。益次郎は、わずか数十時間で鎮圧に成功している。

益次郎の見通しの正確さについて、こんなエピソードが残っている。

ともに江戸城で「上野戦争」の戦況を見守っていた三条実美、東久世通禧《ひがしくぜみちとみ》らが不安そうな表情をしていると、益次郎はおもむろに懐中時計を取り出して、こう言った。

「今しばらくお待ちなさい」

すると、上野の方角にある山から炎が上がり、益次郎は宣言した。

「もうこれで始末がつきました」

一同は半信半疑だったが、直後から勝利を知らせる伝令が次々と押し寄せてきたという。

だが、それだけの能力がありながら、益次郎が新政府で存分に力を発揮することはなかった。彼の一番の長所であり、また短所でもある徹底した合理性が、しばしば周囲から反感を買ったからである。

結果を出した「上野戦争」においても、最も激戦が予想された正面の黒門口を薩摩藩の兵で固めるという作戦を立てると、西郷隆盛からこう問われた。

「薩摩兵を見殺しにするつもりですか」

いくらでも言い訳はできそうなものだが、「今日はお暑うございます」と言われて「夏はこういうものです」と返す益次郎である。

きっぱりとこう答えた。

「さよう」

益次郎が見事な指揮を見せた「上野戦争」の様子

益次郎を買っていた西郷は無言でその場を去ったが、思うところがあったに違いない。

また、薩摩藩士の海江田信義とも、ことあるごとに対立していた。益次郎が高圧的にこんな言葉を吐くことさえあったという。

「自分は朝廷の委任を帯びてきたのだから、他人の指揮にしたがう必要はない」

それに対して海江田も「それはおどろくべき暴言である。自分も参謀のひとりである」と怒りを露わにした。彰義隊の討伐についても、2人は意見が分かれて大激論を交わすが、結果的には益次郎の主張どおりに討伐が行われ、海江田からは深い恨みを買うことになった。

維新後には、益次郎が農兵を中心とした兵制改革を進めたため、不特定多数の士族から付け狙われるようになってしまう。

1869（明治2）年、益次郎は京都滞在中に、9人の暴漢から襲撃を受ける。一命は取り留めたものの傷は深く、懸命な治療の甲斐もなく傷口に菌が入り敗血症となり、病状は日に日に悪くなった。そして入院から2ヶ月後、益次郎は46才でこの世を去った。

最期に益次郎はこう言い残したという。

西国から敵が来るから四斤砲をたくさんにこしらえろ

今後、西国の士族たちが反乱を起こすことまで、彼は読み切っていたのである。優秀過ぎるがゆえに嫌われた男は、今でも十分な評価を受けておらず、不遇な時代はなおも続いている。

近代法制度を作った奸賊

江藤新平

●さらし首にされた不平士族のリーダー

明治維新を成し遂げたのは、紛れもなく幕末の志士たちだったが、いざ革命が終わると彼らは〝用済み〟となり、踏んだり蹴ったりの改革が断行されていく。

新政府の発足当初こそ、華族や士族には家禄が与えられ、維新の功労者にはさらに賞典禄《しょうてんろく》が与えられ、それらは「秩禄《ちつろく》」と呼ばれた。だが、国家財政への負担が大きく、1876（明治9）年には秩禄処分が行われる。

その代償として「金禄公債証書」という公債が交付され、商売に転じた武士たちもいたが、「士族の商法」と揶揄されたように、慣れない商売がうまくいくはずもなく、没落した士族も少なくなかった。

それでなくとも、散髪脱刀令（1871年）では伝統的な髷がもはや主流ではなくなり、武士の誇りである刀まで取り上げられてしまう。彼らが怒りに燃えたのも無理からぬことだろう。新政府に反対する士族は「不平士族」と呼ばれ、各地で乱を引き起こした。

1876（明治9）年の「神風連の乱」（熊本県）、「秋月の乱」（福岡県）、「萩の乱」（山口県）、そして、翌年には鹿児島県で西郷隆盛が最大規模の「西南戦争」を引き起こすことになる。

それらの士族の乱の発端となったのが、1874（明治7）年に佐賀県の士族が立ち上がった「佐賀の乱」である。

首謀者とされた江藤新平は、首を斬られたうえに梟首刑に処されている。

その後、士族の間に反乱が広がったことを考えると、政権の転覆を目論んだ大罪人として、見せしめにされても仕方がなかったかのようにも思える。新平の無残な首だけの写真は全国津々浦々に広められ、日本の古い体制にすがった象徴のような扱いを受けることとなった。

しかし、新平の実像を知れば、それがいかに見当違いな烙印であるかが分かるだろう。新平は、むしろ新政府の誰よりも進歩的な人物であり、その功績から「維新の十傑」のひとりにも数えられている。

では、なぜ彼は悲劇的な最期を迎えなければならなかったのだろうか。

悲運の男・江藤新平。その実像に迫りたい。

反乱ばかりが強調されてきた江藤新平

●苦学生で衣食に構わず勉学に励む

1834（天保5）年、新平は佐賀郡八戸村に生まれた。現在の地名では、佐賀市鍋島町となる。

新平が12歳のときに、小城郡の晴気村へ転居しているが、それには理由があった。下級藩士で郡目付役に就いていた父の江藤胤光《たねみつ》が、上役と対立して無役になってしまったからだ。

「郡目付役」とは百姓を監視する役目である。町人や百姓にも分け隔てなく接していた新平の父は、十分に任務を果たしていないと、上役からは睨まれていたらしい。加えて、自分より地位が高い者にも臆せず直言していたことも、上役にとっては面白くなかったようだ。

転居は、無役になった父が宮仕えの生活に嫌気がさしたからだといわれている。

職を失って4年後には、父は周囲の助けによって、上佐賀代官山所貿品方に復職するが、それでも一度貧しくなってしまった生活は変わらなかった。一家は米さえもまともに食べられず、菜ばかりを食べる日々。だが、貧しい環境に育った者は、その選択肢の少なさがゆえに大きく飛躍することがある。

新平は、幼き日から四書五経の訓読を教わった母に、こんな決意を語ったことがあった。

「今や不幸にして家運は衰えています。だけど自分はどんなに努力しても家運を挽回するつもりです」

ひたすら書を読んで育った新平は、15歳で藩校弘道館に入学。書生寮に入って、国学、漢学、和漢の歴史、書道、算数、習礼、諸学科などに打ち込んだ。成績優秀だった新平は藩主から菜料を支給され、米ではなくやはり菜ばかりを食べて勉学に集中した。

「飯を食わずにひもじくはないのか」

当時の佐賀藩の化学研究機関「精錬方」。先進的な藩だった

そう問う学友に次のように答えた。

「何の、常に浩然の気を吸っているから平気だ」

着る物や食べる物にはまるで無頓着だった新平は、月代も剃らず、皺だらけの木綿の着物をまとい、周囲を驚かせた。

父が再び郡目付役に就き、江藤家がもとの比較的余裕のある環境に戻るのは、新平が19歳になるまで待たなければならなかった。

典型的な苦学生だが、借りたい本があれば、たとえ夜中でも激しい雨が降るなかを、往復20キロ近くある友人の家まで走っていったという新平。弘道館以外に、国学者の石井松堂や福田東絡《ふくだとうらく》らの私塾にも通っており、石井も新平の情熱には舌を巻いた。

「霜露風雨を避けず、毎日来りて書を講ず、努力の功、その知識は歳と共に長ず」

新平は「人智は空腹の中から生ずるものなり」という言葉を残している。

その貪欲なまでの学問への姿勢が、貧しい環境のなかで一層磨かれることになった。

●死罪もおそれず脱藩

新平の秀才ぶりが認められるのは、1856（安政3）年のことだ。23歳で『図海策《とかいさく》』という長文の意見書を書き上げて藩に提出。外国と活発に通商を行い、世界中から人材を招いて政治・経済・技術・学問を発展させるという、視野の広い開国論を打ち出した。

そして、プライベートでも転機が訪れる。ろくに恋愛もしなかったが、両親に勧められて24歳のときに結婚を果たすと、その2年後には、砲火術（大砲）方目付という、蘭学に堪能な者が選ばれる役目に就くことができた。

長男も誕生して、公私ともに充実していたと言っていいだろう。

エリートコースに乗った新平は、そのまま役をまっとうすれば、順調に出世することができた。自らの学力で未来を切り拓いたのである。

しかし、これまでも見てきたように、藩の枠内に収まりきれない規格外の人物たちは、吸い寄せられるが如く、中央の政局へと導かれるのだ。坂本龍馬、桂小五郎、吉田松陰などがそうであるように……。

新平もまた、その引力には抗えず、1862（文久2）年6月27日、29歳のときに「脱藩」という決断をくだした。

佐賀藩では「脱藩は死罪」と決められている。にもかかわらず、新平が決行したのには、学友の中野方蔵の存在があった。中野は弘道館で知り合った1歳年上の友人であり、26歳で江戸へ留学を果たしていた。

幕末を代表する賢侯のひとり・鍋島直正

新平は中野からの手紙で、江戸の様子を知るようになる。1858（安政5）年には「日米修好通商条約」が結ばれたことで、長年の鎖国政策が崩壊しようとしていたが、佐賀藩には情報がほとんど入ってこなかっただけに、新平にとって中野は刺激的な存在だった。

だが、ある日、中野は「坂下門外の変」への関与を疑われて捕らえられ、そのまま牢のなかで命を落としてしまう。

大きなショックを受けた新平は、今度は自分が脱藩してでも江戸に上り、中央の情勢を佐賀藩に伝えることを決意する。その先には、朝廷と幕府をつなぐ大役を、佐賀藩の藩主である鍋島直正に担ってもらいたい、という新平の思いがあった。

つまり、同じ脱藩でも龍馬とは異なり、中央で自分の力を試したいというよりも、佐賀藩の目を覚まさせるために、捨て身の覚悟で江戸と佐賀藩の架け橋になろうとしたのである。

そのため、新平の脱藩後、藩主・直正が朝廷との距離を縮めると、新平は時代の変化を感じ取り、佐賀藩に帰藩している。結局、脱藩は3ヶ月という短い期間に終わった。

だが、いきなり長州藩邸に押しかけて桂小五郎と交流を持ち、攘夷派の公家である姉《あね》小路公知《こうじきんとも》とめぐり合って高く評価されるなど、たった数ヶ月でも外の世界に出たことは、新平にとって大きな財産となったようだ。

ちなみに、小五郎は、口を開けば開国論を語る新平のことを「当時知己の一人物なり」と日記に記し、称賛している。

●過酷な謹慎生活

新平が帰藩すると、藩の有力者たちは処遇に頭を悩ませた。

「藩を統制するためにも、厳刑に科して、首を斬るべきだ」

脱藩はどんな理由があろうと死刑だとする声も上がったが、それに強く反対したのが、鍋島直正の甥にあたる直彬である。

「今、彼を殺すのは有能な人材を失うことだ。もしそれでも彼を処刑するというのならば、まずこの私が自害する」

なかなか言えない言葉だが、進歩的な考えを持っていた直彬にとっては、新平のような人材を失うのはあまりにも惜しかった。直正も賛同して、「彼は他日有用の器である」と言って、新平には謹慎処分が下されることになった。

新平の才能が高く買われていたからこその寛大な処置だったが、世間はそんなことを知る由もない。父母・妻子とともに山奥の廃寺で謹慎することになった新平たちを見ては、こんな陰口を叩いた。

「本を読んでも江藤新平のようにはなるな」

新平は寺子屋を開いて、子どもたちに教えて小銭を稼いだが、またしても生活が苦しくなってしまった。父母と子どもには、なんとか食べさせられたが自分と妻は食事もままならず、新平は栄養失調で倒れることさえあったという。

追い討ちをかけるように、年老いた父が貧苦にあえぎながら命を落とす。新平は往復

10キロ以上の道のりを1日も欠かさずに50日間も墓参りに通ったという。その胸中はいかばかりのものであっただろうか。

そんななかでも、新平は各地の知人や藩内の友人との通信によって、中央政界の動向を把握していた。

そして、1867（慶応3）年、徳川慶喜が大政奉還を行い、時代は再び大きく動き出そうとしていた。これを好機と見た新平は、謹慎中の身でありながら、直正に面会を申し出て、日本国と藩の将来について、周囲がひやひやするほどの大演説をぶった。

2人が直接顔を合わせたのは、このときが初めてだったが、実のところ、直正は新平が23歳のときに書いた『図海策』のことをしっかりと記憶していた。新平の情熱にあてられて、直正はむしろこの男こそ、これからの藩に必要不可欠な人材だという思いを深くした。

同年12月、新平の謹慎処分は晴れて解除されて郡目付役に就いた。新政府の中心人物たちとの繋がりなど、脱藩して新平が得た人脈に対する、藩の期待もあったに違いない。

新平にとっては5年ぶりの外の世界であり、このときすでに34歳になっていた。

●日本の法律制度を近代化した

ここから新平の人生は、急展開を迎える。新平は藩主の鍋島直大の上京に随行する一員として抜擢。長崎で幕府の奉行が逃げ出したことよる混乱が生じて藩主の上京が難しくなると、参政を務める中野数馬の先発隊に加わった。

上京後、新平は岩倉具視や三条実美などの新政府要人と面会。

藩主が来られなくなった事情について、佐賀藩が長崎の警備を担ってきた経緯も含めて説明した。実は、前藩主である直正は徳川家と婚姻関係にあったため、新政府軍は佐賀藩を警戒していたのである。それだけに、新平がきっちりと弁明した意義は大きかった。

他藩の藩士とも積極的に交流した新平は、その先見性と弁舌の巧みさで、周囲から一目置かれる存在となっていく。江戸無血開城においては、新平が町奉行所に踏み込んで、諸国の絵図や租税、刑法の書類など重要書類を強制的に回収してとりまとめた。維新後の改革では、この資料が大いに活用されることになる。

その後、藩校弘道館でともに学んだ大木喬任《たかとう》とともに、新平は「東京奠都の議」を提出。情勢を的確に見据えた意見書として、新政府の政策決定に影響を与えた。

また、旧幕府の勘定奉行・寺社奉行とともに町奉行所が廃止され、江戸鎮台が創設されると、新平は江戸鎮台判事のひとりに選ばれた。

「東京の弊害7ヶ条」を挙げると、対策をひとつずつ提示。貧しい者のことをまず念頭に置いて、高利貸しの規制や、「乞食非民」への職業斡旋などを立案したのは、苦労人の新平ならではだろう。業務が増えてくると、新政府内の反対にもかかわらず、旧幕臣たちを次々と登用した。関東の事業に通じていて、かつ、失業者の救済措置にもなるからである。

佐賀藩に江藤新平あり――。

これまでの鬱憤を晴らすかのような活躍を見せた新平は、「会計官東京出張所判事」という地位に就く。

翌年には、佐賀藩に帰郷して、近代化のための藩政改革を精力的に進めるものの、もはや佐賀におさまるには、新平の能力は広く知られすぎていた。1年もしないうちに、新平は政府に呼び戻されて、「中弁」という、現在の内閣官房長官や法制局長官にあたる職務に就いた。とりわけ岩倉具視は新平を高く評価しており、国政の基本方針に関する長文の答申書を起草させている。

1872（明治5）年には、初代司法卿に就任する。すぐさま司法改革に取り組み、全国の裁判事務を司法省のもとに統一し、司法省裁判所を開設。迅速な民事裁判と冤罪を出さない刑事裁判を目指して、人権擁護の観点から、裁判制度の組織化・近代化に尽力した。

司法制度の近代化にあたって、新平はフランスの法律を参考にしている。何の物的証拠もない、拷問による自白を無罪としたのは、そのひとつである。また、新平の改革のもと、仇討ちも禁止された。それまで国に公認されていた、前近代的な復讐行為が罰せられることになったのは、価値観の大きな転換だと言えるだろう。

1873（明治6）年には、ついに参議に任じられて、国政全体を担うことになった新平。にもかかわらず、プライベートは地味なもので、ほかの政府高官が大名をしのぐような贅沢な暮らしをしていることに憤りつつ、自身は質素な生活を貫いた。

むしろ、多くの書生を抱えていたため、死後は借金が残ったくらいであった。

●実は止めようとしていた「佐賀の乱」

まさにトントン拍子で出世する新平だったが、1873（明治6）年9月、西郷隆盛を開国使節として朝鮮へ派遣するか否かで、新政府内部で軋轢が生じる。

「征韓論」をめぐる「明治六年政変」だ。西郷の案は大久保利通によって潰され、激怒した西郷、副島種臣、板垣退助、後藤象二郎といった参議の過半数が辞職。西郷を支持した新平も辞表を提出した。

この段階では、新平には引き返すチャンスが十分にあった。事実、辞職した5人のうち、西郷を除く4人で、日本で初めての自由民権派政党である愛国公党を結成している。だが、佐賀藩からの来客が新平の人生を大きく狂わせることになる。

当時、新政府の近代化政策によって、士族たちの間には不平不満がうずまいていた。「明治六年政変」によって、西郷や板垣が下野すると、反政府の機運はますます高まり、佐賀では憂国党という士族集団が勢力を拡大。またそれに対抗する征韓党のほか、中立党も生まれて、藩内は混沌を極めていた。

そうなれば、下野した新平の復帰が期待されるのは当然のことであろう。征韓党の中島鼎蔵《ていぞう》や山田平蔵らが上京して、新平と副島に「佐賀藩に帰郷して指導にあたってほしい」と要請している。

しかし、たとえ士族の怒りを鎮めるためであっても、これほど荒れている故郷に戻れば、新政府を刺激することにつながる。

板垣らに強く制止されて、副島は思いとどまったが、新平は周囲の反対を押し切り、佐賀へ帰郷することを決意。自分を頼ってきた故郷の人間を、無碍にできなかったのである。

だが、この判断が命取りとなる。

佐賀県下の人々は彼のもとへ押しかけて、反政府の気運はますます燃え上がった。新平は佐賀を離れて、長崎で様子を見ることにした。

参議たちが「征韓論」について激論を交わす様子を描いた絵画

そんななか、憂国党の士族が官金の預り業者である小野組へと押しかけ、店員を追い払うという事件が起きる。

これを佐賀県における士族の「反乱」だととらえた男がいた。大久保である。

すぐさま佐賀鎮圧のための全権を得ると、自ら佐賀出張を願い出て、軍を差し向けた。大久保の項でも書いたが、彼が何より嫌うのが「一度決めたことを曲げる行為」。

彼が岩倉遣欧使節団の一員として外遊に出る間、西郷や新平ら留守政府は「重大な改革を行わない」と約束していた。にもかかわらず「征韓論」が噴出したことに、大久保は強い不満を持っており、その矛先は新平に向けられた。

政府軍が進軍してくると聞いて、驚いたのは佐賀の士族たちである。

新平が佐賀に戻ると、一戦もやむを得ずというムードが漂うなか、新平は反政府勢力の指導者として担ぎあげられてしまう。政府に立ち向かうことを余儀なくされ、これがいわゆる「佐賀の乱」と呼ばれる新政府軍との戦争となった。

佐賀軍は局所的には善戦したものの、やがて敗色濃厚となり敗走。新平は鹿児島に足を運び西郷に決起を懇願するも一蹴され、次に高知にわたって林有造・片岡健吉らに応援を頼むが、色よい答えは返ってこなかった。ならば新政府を説得してみせようと上京を目論んだ矢先、皮肉にも新平自身が創設した「指名手配制度」によって高知県内で捕縛された。

新平が担ぎ出された士族反乱「佐賀の乱」の模様

新平は東京での裁判を望んだが叶わず、佐賀へ護送。ろくな審議もないまま裁判が進行していった結果、「斬首のうえ、さらし首」というあまりにもむごい刑が確定する。

近代日本における司法の土台を作ったはずの新平が、なんの因果か不公平な裁判で命を奪われることになったのである。そして、後世には「さらし首になった逆賊」としての印象ばかりが残っている。本書では数多くの幕末の志士に関する誤解を取り上げてきたが、これほど理不尽な〝誤解〟もないだろう。

ただ天を治める神と、地を支配する神が、私の心を知るのみだ

新平は処刑前に3度そう繰り返すと、41年の激動の生涯に幕を閉じた。

おわりに

あなたのまわりに、なぜか損をしてしまう役回りの人がいないだろうか？

もしかしたら、あなた自身がそうかもしれない。文句のない実績を挙げているのに、評価されなかったり、あらぬ誤解を受けたり……。

一方で、たいした実績がなくても高く評価されたり、いつも美味しいところを持っていく人もいるから、心がついざわめいてしまう。人間関係などそんなものだと言えばそれまでだが、理不尽さが頭に来ることだってあるだろう。

しかし、どれだけ誤解され、それが数百年単位で続いても、愚痴ひとつこぼさない、いや、こぼせないのが、歴史上の人物たちである。

とりわけ、ドラスティックな変化をもたらした幕末期と明治維新期に活躍した志士たちは、時代を変えた人物として強いインパクトを後世に残す。誰かが英雄とされれば、対立する者は悪役にされるのが、世の常である。

しかし、実際のところはと言えば、どんな人物にも多面性があり、イメージ通りではない。また、過度に強調された実績が実は違う側面を持っていたことが新たな史料から分かることもあれば、知られざる功績が掘り起こされることもある。

明治維新は日本の大きな転換期であるがゆえに、それにまつわる人物たちもさまざまな意図的な解釈が加えられがちである。フィクションを楽しむのならばそれでもよいが、本当に歴史を学ぶならば、実際の彼らはどんな人物だったのか。紛れもない本人が書いた手紙や日記を紐解いて、その言い分に耳を傾けることが必要ではないだろうか。

それが、本書に込められた筆者の思いである。

もし、読んでくれた読者が、幕末の志士の新たな魅力に触れられたとしたら、筆者としてこれほど嬉しいことはない。また、順序は逆になったが、筆者の前著『日本史の大誤解　激動の近代史編』と今作を合わせて読めば、歴史の見方がさらに変わることだろう。

最後に『日本史の大誤解　激動の近代史編』に続いて、編集の労をとってくれた担当の吉本竜太郎さんに感謝の気持ちを伝えたい。

そして、本書を読了していただいた皆様に御礼を申し上げます。

２０１８年６月　夏池優一

【参考文献】

坂本龍馬

岩崎英重・日本史籍協会編『坂本龍馬関係文書　第一』（北泉社）
宮川禎一『全書簡現代語訳　坂本龍馬からの手紙』（教育評論社）
坂崎紫瀾『汗血千里の駒　坂本龍馬君之伝』（岩波文庫）
松浦玲『坂本龍馬』（岩波新書）
知野文哉『「坂本龍馬」の誕生 船中八策と坂崎紫瀾』（人文書院）
徳永洋『横井小楠――維新の青写真を描いた男』（新潮新書）

吉田松陰

奈良本辰也『吉田松陰著作選 留魂録・幽囚録・回顧録』（講談社学術文庫）
古川薫『松下村塾』（講談社学術文庫）
桐原健真『吉田松陰「日本」を発見した思想家』（ちくま新書）
田中彰『吉田松陰――変転する人物像』（中公新書）

桂小五郎

日本史籍協会編『木戸孝允文書（全8冊）復刻』（マツノ書店）
村松剛『醒めた炎――木戸孝允　上・下』（中央公論社）
大江志乃夫『木戸孝允――維新前夜の群像4』（中公新書）
松尾正人『木戸孝允（幕末維新の個性8）』（吉川弘文館）
勝田政治『廃藩置県　近代国家誕生の舞台裏』（角川ソフィア文庫）
松尾正人『廃藩置県――近代統一国家への苦悶』（中公新書）

高杉晋作

一坂太郎編 田村哲夫校訂『高杉晋作史料 全3巻』（マツノ書店）
一坂太郎『高杉晋作の手紙』（講談社学術文庫）
田中彰『高杉晋作と奇兵隊』（岩波新書）
一坂太郎『高杉晋作』（文春新書）
奈良本辰也『高杉晋作――維新前夜の群像1』（中公新書）
一坂太郎『高杉晋作の「革命日記」』（朝日新書）

伊藤博文

伊藤博文関係文書研究会編『伊藤博文関係文書　全9巻』（塙書房）
東京府教育会編『日露戦役秘録』（博文館）
後月山人『嗚呼伊藤公爵』（弘仁堂）
伊藤之雄『伊藤博文 近代日本を創った男』（講談社）
泉三郎『伊藤博文の青年時代――欧米体験から何を学んだか』（祥伝社新書）

近藤勇・土方歳三・沖田総司

永倉新八『新選組顛末記』（新人物文庫）
子母澤寛『新撰組三部作　新撰組始末記』（中公文庫）
子母澤寛『新撰組三部作 新撰組遺聞』（中公文庫）
谷春雄、林栄太郎『新撰組隊士遺聞』（新人物往来社）
松浦玲『新選組』（岩波新書）

鈴木亨『新選組100話』（中公文庫）
菊地明『新選組の真実』（PHP研究所）
新人物往来社編『近藤勇のすべて』（新人物往来社）
菊地明編著『土方歳三日記　上・下』（ちくま学芸文庫）
『増補新版 土方歳三』（文藝別冊／KAWADE夢ムック）
相川司『土方歳三 新選組を組織した男』（中公文庫）
東京日日新聞社会部編『戊辰物語』（岩波文庫）
新人物往来社編『沖田総司読本』（新人物往来社）
森満喜子『沖田総司・おもかげ抄』（新人物往来社）

勝海舟

勝海舟著、江藤淳、松浦玲編『氷川清話』（講談社学術文庫）
勝海舟著、江藤淳、松浦玲編『海舟語録』（講談社学術文庫）
勝小吉著、勝部真長編『夢酔独言 他』（東洋文庫）
松浦玲『勝海舟』（筑摩書房）
半藤一利『それからの海舟』（ちくま文庫）
古川愛哲『坂本龍馬を英雄にした男 大久保一翁』（講談社＋α新書）
樋口雄彦『勝海舟と江戸東京』（吉川弘文館）
圓山牧田、平井正修編『最後のサムライ山岡鐵舟』（教育評論社）
土居良三『軍艦奉行木村摂津守――近代海軍誕生の陰の立役者』（中公新書）

西郷隆盛

西郷隆盛著、大西郷全集刊行会編『大西郷全集（全3巻）』（大西郷全集刊行会）

北康利『西郷隆盛 命もいらず 名もいらず』（ワック）
斎藤充功『消された「西郷写真」の謎 写真がとらえた禁断の歴史』（学研パブリッシング）
田中健之『靖国に祀られざる人々』（学研パブリッシング）

大久保利通
大久保利通、大久保利和『大久保利通文書　全10巻』（日本史籍協会）
大久保利通『大久保利通日記 上・下』（日本史籍協会）
佐々木克監修『大久保利通』（講談社学術文庫）
毛利敏彦『大久保利通』（中公新書）
加来耕三『不敗の宰相　大久保利通』（講談社＋α文庫）

大村益次郎
伝記刊行会編著『大村益次郎（復刻）』（マツノ書店）
木村紀八郎『大村益次郎伝』（鳥影社）
絲屋寿雄『大村益次郎――幕末維新の兵制改革』（中公新書）

江藤新平
鈴木鶴子『江藤新平と明治維新』（朝日新聞社）
星原大輔『江藤新平（佐賀偉人伝）』（佐賀県立佐賀城本丸歴史館）
毛利敏彦『江藤新平――急進的改革者の悲劇』（中公新書）
杉谷昭『江藤新平』（吉川弘文館）

著者略歴
夏池優一（なついけ・ゆういち）
1975年、京都府生まれ。編集プロダクション、出版社勤務を経てフリーになり、執筆業へ。執筆ジャンルは多岐にわたるが、主に歴史人物や現代のリーダーたちについて研究している。著書に『教科書には載っていない　明治維新の大誤解』『近代日本の大誤解』『逆境に打ち勝った社長100の言葉』『図解 一流の経営者たちに学ぶできる人の仕事術』（すべて彩図社刊）など。筆名多数あり。執筆活動のほか、大学での特別講義、教養バラエティ番組の構成・監修なども行う。

メールアドレス：natsuike3@gmail.com

教科書には載っていない！
幕末志士の大誤解

2018年8月8日　第1刷
2019年3月22日　第3刷

著　者　夏池優一

発行人　山田有司

発行所　株式会社彩図社
〒170-0005
東京都豊島区南大塚3-24-4 MTビル
TEL 03-5985-8213　FAX 03-5985-8224

URL：http://www.saiz.co.jp/
Twitter：https://twitter.com/saiz_sha

印刷所　新灯印刷株式会社

ISBN978-4-8013-0315-7 C0121
乱丁・落丁本はお取り替えいたします。（定価はカバーに表示してあります）

本書は、2015年9月に小社より刊行された『教科書には載っていない！　幕末志士の大誤解』を修正の上、文庫化したものです。